一流の本質

ずば抜けた成果を出す科学的努力の技術

児玉光雄

SB Creative

著者プロフィール

児玉光雄(こだま みつお)

1947年、兵庫県生まれ。追手門学院大学特別顧問。前鹿屋体育大学教授。京都大学工学部卒。学生時代はテニスプレーヤーとして活躍し、全日本選手権にも出場。カリフォルニア大学ロサンゼルス校(UCLA)大学院にて工学修士号を取得。米国オリンピック委員会スポーツ科学部門本部の客員研究員として、オリンピック選手のデータ分析に従事。専門は臨床スポーツ心理学、体育方法学。主な著書は『逆境を突破する技術』『勉強の技術』『上達の技術』(サイエンス・アイ新書)など。能力開発にも造詣が深く、数多くの脳トレ本を執筆するだけでなく、これまで『進研ゼミ』(ベネッセコーポレーション)、『プレジデント』(プレジデント社)、『日経ビジネスAssocie』(日経BP社)など、多くの受験雑誌やビジネス誌に能力開発に関するコラムを執筆。これらのテーマで、大手上場企業を中心に年間70～80回のペースで講演活動をしている。著書は150冊以上、累計250万部にのぼる。日本スポーツ心理学会会員、日本体育学会会員。

本文デザイン・アートディレクション:クニメディア株式会社
イラスト:にしかわたく
校正:曽根信寿

はじめに

多くの人たちが、「一流とは、頭の良さやスポーツの才能を持って生まれた一握りの人たちであり、自分とは関係ない」と考えています。しかし、その考えは、もはや時代遅れです。これは誤った定義です。その気になれば、**誰でも一流の仲間入り**ができるのです。

本書では、臨床スポーツ心理学、体育方法学、発達心理学などの研究を幅広く紹介・解説し、科学的なデータをできるだけ盛り込んでいます。加えて、創造性を発揮するための具体策についても触れています。それらを理解して、発想する習慣を身につければ、あなたにも一流への道が開かれるはずです。

この世の中には、才能に恵まれながら十分に発揮できず、くすぶっている人たちであふれています。その理由は、それほど努力しなくても何事もそつなくこなせるために、現状で満足してしまうからです。これにより、頭角を現せないのです。

たとえば、ロサンゼルス・エンゼルスの大谷翔平選手は、野球という競技種目に適合した体格と反射神経を備えて、この世に生を受けたことは厳然たる事実です。

しかし、彼がメジャーリーガーになれたのは、**野球に対する情熱が半端ではなかった**ことが大きく影響しています。つまり、大谷選手は小さいころから野球に情熱を注いで全人生を捧げたから、たぐいまれな技術を身につけたのです。情熱が、その分野で一流に仲間入りするためのエネルギーの一つであることは論をまたないのです。

私たちの人生には、複数のことで一流の域に達するだけの時間がありません。**一つの分野に特化して、感性を働かせながら長期間情熱を注ぎ続ける**ことこそ、たぐいまれな技術を身につける「王道」なのです。

私は、「人は、あらゆる分野で一流になる可能性を持って生まれてくる」と考えています。また、自分を進化させるという点で、開始する時期に手遅れということはないとも考えています。実際、80歳になってから英会話や水泳を始めて、着実に上達している人たちがたくさんいます。つまり、**人は死ぬまで成長できるようにつくられている**のです。

今、将棋や囲碁でトップの棋士を打ち負かす人工知能(AI:Artificial Intelligence)の存在が話題になっています。「もう、人の力ではAIに勝てないのか?」と悲観的に考えている人が多いかもしれません。

しかし私は、ひらめく力において、**脳を凌駕する人工知能は当分出てこない**と予測しています。とはいえ、今のままでいいわけではありません。それでは、普段、私たちはどのようなことを心掛ければいいのでしょうか?　現代人は文字や数字を通して情報の入力作業に多大な時間を費やすため、非言語の出力作業が圧倒的に不足しています。ひらめく力においては、数世紀前に生きたルネッサンス時代の人のほうが現代人よりも優れていたかもしれません。

脳はアナログなので、本来、文字や数字を処理するためにはつくられていません。もちろん、私たちは文字を読め、計算もできますが、これらは、脳が直近に身につけた不慣れな能力です。

一方、脳はひらめきを出力することが得意です。本書で解説した科学的知見に裏付けされている**ひらめきのコツ**をマスターして、日常生活に組み込み、実践すれば、誰でもひらめきの天才になれるのです。ひらめく力は、持って生まれた才能ではなく、後から身につける技術です。

キラリと不意に光るひらめきは、いつどこで出現するか予測がつきません。トイレの中だったり、お風呂に入っているときだったり、もっぱら、そのひらめきを形に残すのに不都合な場所で生まれてきます。あなたの脳から過去に出力された斬新なひらめきは、その8割以上がすでに闇に葬り去られているといっても過言ではありません。常にひらめきの出力に対して身構えてください。

最後に、この本の刊行を実現してくれた科学書籍編集部の石井顕一氏と、魅力的なイラストを描いてくださったにしかわたく氏に感謝の意を表します。

2018年4月　児玉光雄

一流の本質

ずば抜けた成果を出す科学的努力の技術

CONTENTS

CONTENTS

潜在能力を発揮する技術

1-1 一流の「思考パターン」を理解する

「一流の人は才能のある人」という短絡的な考え方は間違っています。ちょっと思考パターンを変えるだけで、私たちの人生は劇的に変わります。**右ページに一流の人の思考パターン**と**普通の人の思考パターン**をリストアップします。

今日からこの思考パターンに変えて行動を起こす——それがあなたを一流に仕立ててくれるのです。

この世の中には才能に満ちあふれながら、それを磨くことを怠り、くすぶっている人たちがたくさんいます。**この人たちの欠点は「才能に恵まれている」こと**です。最小限の努力で平均レベルの結果を出してしまうため、常にエネルギーを温存してしまい、**自分の限界に挑戦して、さらに上を目指そうとしない癖**がついているのです。

これがこの人たちの潜在能力に「ふた」をして、頭角を現すことをはばんでいるのです。

今、人工知能（AI）が急速に進化しています。これからの時代、秀才型の人はすべて人工知能に取って代わられ、**人工知能がまねできない特異な才能を持った、天才型の人だけが生き残れる時代**になるのです。

たとえ時代が変わっても、人々に感動を与えるサッカーのクリスティアーノ・ロナウド選手やテニスのロジャー・フェデラー選手のような天才アスリートの価値は、まったく下がらないでしょう。毎年、コンスタントにベストセラー作品を生み出す人気作家も安泰です。経験豊富な外科医、弁護士、飛行機のパイロットが人工知能に取って代わられる時代も、すぐにくることはないでしょう。

一流の人と普通の人の思考パターンの違い

思考パターンを変えれば、必然的に行動パターンも変わる。行動パターンが変われば、成果も変わる

1 2 「好きで得意なもの」を見つけ出す

自分の才能を見つけるには、まず自分が「好きなもの」と「得意なもの」をリストアップします。もし、あなたに「**好きで得意なもの**」があれば、それは仕事の「種」になる可能性が高いといえます。世の「成功者」といわれる人たちの多くは万能ではありません。ほかの人がまねできない最大の「武器」を仕事にしたから、成功者の仲間入りができたのです。

その典型例はスポーツでしょう。スポーツを職業にしている人たちの競技種目は、彼ら、彼女らにとって小さいころから「好きで得意なもの」だったはずです。これに、血のにじむような鍛練を続けたから、プロのスポーツ選手になれたのです。野球のイチロー選手、テニスの錦織圭選手、フィギュアスケートの羽生結弦選手といった一流のアスリートは、その典型例でしょう。

よく考えてみてください。彼らはそのたった一つの才能以外、私たちとそれほど変わりません。つまり、**社会が評価するのは、その人の最大の「武器」**なのです。彼らの2番目の才能はどうでもいいのです。

一流の仲間入りをしたかったら、自分の最大の得意分野で勝負することです。この心構えを持ち、**あなたが大好きで得意な「武器」を見つけ出しましょう**。そして、それを高めることにたっぷりと時間をかけましょう。

私は「好きで得意なことを仕事にできた人は、必ず幸福な人生を歩める」と確信しています。図表1-1の「好きで得意なことを見つけるチェックシート」を活用し、あなた自身の最強の武器を見つけ出しましょう。

図表1-1 好きで得意なことを見つけるチェックシート

自分が好きで得意だと思う事柄を、思いつくまま以下の欄に記入してください。合計15点以上あれば、天職になる可能性が高いといえます。

好きで得意な事柄	❶	❷	❸	❹	合計点
1.					
2.					
3.					
4.					
5.					
6.					
7.					
8.					
9.					
10.					

それぞれの事柄について、以下の4つの質問に答えて、表に得点を記入します。

❶ これはあなたの好きなことですか?
❷ これはあなたが得意なことですか?
❸ これは仕事としてニーズがありますか?
❹ これを仕事にしてみたいですか?

まったくそうである……………………5点
かなりそうである ………………………4点
どちらでもない …………………………3点
あまりそうでない ………………………2点
まったくそうでない ……………………1点

出典:児玉光雄/著『すぐやる力 やり抜く力』(三笠書房、2017年)

1-3 「才能の井戸」を掘り続ける

自分の潜在能力を発揮することは、「地面を掘削して温泉を見つける作業」に似ています。たとえば、東京では地面を1,500m以上も掘り進めれば、たいてい温泉の水脈に行きあたり、温泉が出るといいます。

しかし、ちょうど1,500m下に温泉の水脈が存在しても、1,490mまで掘り進んだところであきらめて掘削をやめてしまえば、それまでの作業は、まったくの徒労に終わります。その結果、数千万円ともいわれる掘削費は無駄になってしまいます。

この例で考えると、才能豊かなテニスの錦織圭選手やフィギュアスケートの羽生弓弦選手は、1,300m掘削したところで温泉の水脈に行きあたった場合に相当します。

一方、これらの種目において、彼らほどの才能に恵まれていない選手は、もしかしたら1,700m掘削しなければ、温泉の水脈に行きあたらないかもしれないのです。しかし、その差はわずか400m。**努力を積み重ねて地面を掘り続けることをやめなければ、遅かれ早かれ、必ず水脈に行きあたります**。

ときには硬くて、なかなか掘り進めない岩盤にぶつかることもあるでしょう。しかし、自分の潜在能力を信じて、一心不乱に鍛練を積み重ねれば、潜在能力は必ず表に出て、その人の武器となるのです。地下の温泉の水脈に届いた瞬間、**潜在能力は顕在能力に変わる**のです。

自分の得意な分野を見つけ出して、それを高めるために人生という時間をたっぷり注ぐことこそ、一流の仲間入りに不可欠な要素なのです。

図表1-2　成長のS字カーブ

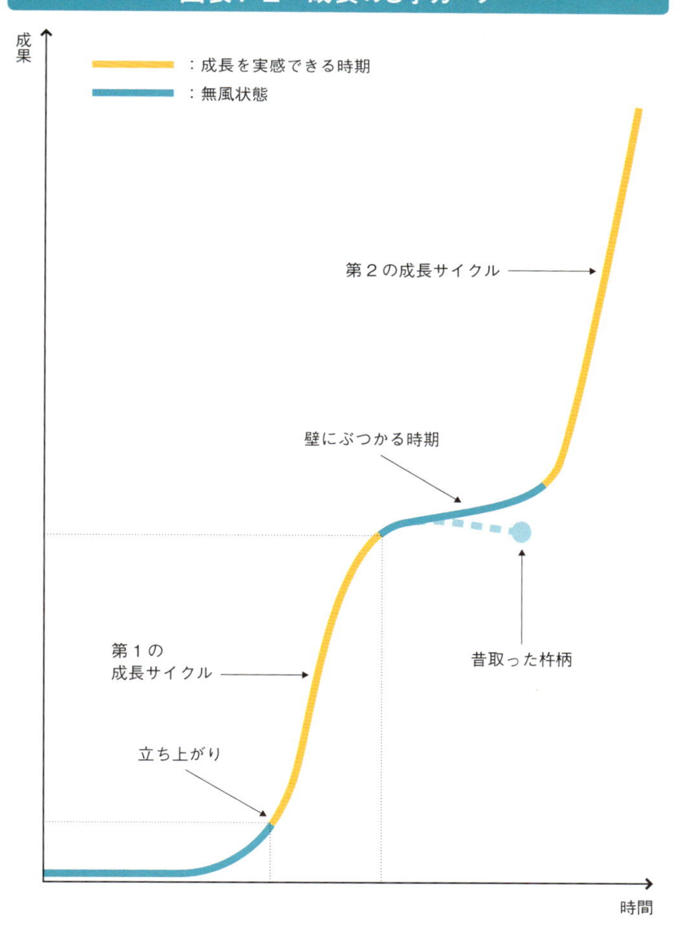

「行き詰まった」と感じても、それはあなたのS字カーブが、一流の人より少しだけなだらかであるにすぎない可能性が高い
参考：柳沢幸雄/著『自信は「この瞬間」に生まれる』(ダイヤモンド社、2014年)

1-4 「フロー体験」を手に入れる

アスリートにとって「最高の瞬間」と呼ばれる**フロー状態（リラックスして最高のパフォーマンスを発揮できる状態）**は、何をおいても獲得したいスキルです。しかし残念ながら、現在の最先端の研究においても、フロー状態を意識的に獲得することは不可能です。たとえば、ゴルフ界のスーパースター、ジョーダン・スピース選手やジェイソン・デイ選手でも、大会初日に「62」というすごいスコアで上がった翌日に、「77」という残念なスコアで終わることもめずらしくないのです。

同じコース、同じクラブ、同じ品質のボールでプレーしているにもかかわらず、このような大きな違いをもたらす理由は、相変わらず神秘のベールに包まれており、十分には解明できていません。しかし、一流のアスリートほど、この神秘的な最高の瞬間が訪れる頻度が高いのです。**まさに一流の証**です。

それでも、フロー研究の世界的権威であるミハイ・チクセントミハイ博士は、『サクセス・マガジン』でその具体策を示しています。それを**右ページ**に示します。**これらのステップを踏んで最終的にフローは訪れる**と考えられるのです。

チクセントミハイ博士は自らの著書で、フローについてこう表現しています。

「目標が明確で、迅速なフィードバックがあり、そしてスキル（技能）とチャレンジ（挑戦）のバランスが取れたぎりぎりのところで活動している時、われわれの意識は変わり始める。そこでは、集中が焦点を結び、散漫さは消滅し、時の経過と自我の感覚を失う。

フロー状態に入りやすくなるポイント

確実にフロー状態に入れる方法は確立されていないが、このようにフロー状態に入りやすくなると考えられている方法はある

その代わり、われわれは行動をコントロールできているという感覚を得、世界に全面的に一体化していると感じる。われわれは、この体験の特別な状態を『フロー』と呼ぶことにした」

M.チクセントミハイ／著『フロー体験入門』(世界思想社、2010年)

スキル(技能)とチャレンジ(挑戦)のバランスが取れたぎりぎりのところというのは図表1-3の**チャレンジ・スキル・レベル**を参照してください。

別の研究でも、フローを体験したアスリートや研究者が、その最高の瞬間の感覚を以下のように述べています。

- すぐ先に起こることが予測できた
- 後から考えてあまりその瞬間のことを記憶していない
- 心身の状態が最高レベルにあった
- 繭の中に入っているような心地よい環境で作業できた
- 周囲の雑音や喧騒がまったく気にならなかった

ストックホルムのカロリンスカ研究所(スウェーデン)のフレデリック・ウーレン教授は、プロのピアニストが高度な技を要求される難しい楽曲を演奏しているとき、彼らに共通して現れる現象について研究し、一つの結論を出しました。それは、彼らはフロー状態に入ると、心拍数と呼吸がゆっくりになり、より規則的になり、血圧は低くなり、顔の笑顔をつくる表情筋が活性化したというのです。

これを反対から考えれば、**普段から脈拍がゆっくり刻まれ、ゆったりした呼吸を維持し、笑顔を意識的につくることで、フローが訪れる確率が高まる**ともいえるのです。これには、普段から**9-10**の「快感イメージトレーニング」と、**9-11**の「腹式呼吸トレーニング」を習慣化することが重要です。

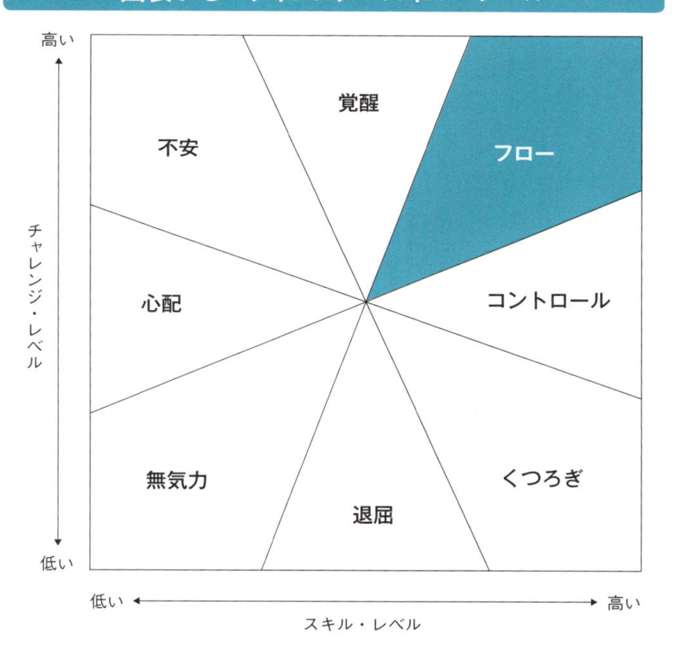

チャレンジ・レベルとスキル・レベルの双方が高いとき、フロー状態に入ることが多いと考えられている
参考：M. チクセントミハイ/著、大森 弘/監訳『フロー体験入門』（世界思想社、2010年）

1-5 「質の高い練習」には「7つのコツ」がある

一流は**努力の人**であることを忘れてはいけません。どんな分野でも、努力することなくその道の頂点に登り詰めた人などいないのです。

この世の中に、鍛練することなく身につく達人の技など存在しません。もし、簡単に会得できる技があったとしても、そんな技はたいしたものではなく、高まるばかりの社会のニーズには応えられません。

人間国宝といわれる人たちは皆、職業として同じことを、同じ時間に、同じ場所で何十年も延々と行ってきたから、国宝になることができたのです。社会人なら、目の前に仕事があることに感謝し、その仕事を通して達人の技を磨き上げることこそ、一流の仲間入りをする近道なのです。

創造性開発のオーソリティであるマーティ・ニューマイヤー氏は自らの本の中で、一流に仲間入りするための訓練のコツについて述べています。それを図表1-4に示します。これら**7つのコツ**を取り入れるか取り入れないかで、同じ鍛練を積み重ねても、その成果は劇的に異なるのです。

一流の仲間入りを果たすには、おもしろくない単純作業を延々と繰り返すことが求められます。ほとんどの人々は、それができないから一流になれないのです。言い換えれば、**一握りの人たちだけがさまざまな工夫を凝らして、人生をかけて、おもしろくない単純作業を続けられた**のです。

あなたの仕事や勉強に、ぜひこれらのコツを盛り込んでください。そうすれば名人芸を身につけられるのです。

図表1-4　練習の7つのコツ

❶ 環境を整える

決まった練習場所を確保する。自宅の一室、作業場、アトリエ、研究室、スタジオ、あるいは座り心地のよい椅子と机のある静かな一角。中断されずに集中できるスペースを確保しよう。

❷ 意識的に練習する

高度なスキルは機械的な繰り返しだけでは身につかない。頭と心を使った知性的な反復練習が欠かせないのだ。どうすればワザを磨けるかを常に意識し考えながら繰り返し繰り返し行うこと。今は意識的にやっていることでも、頭を使わずにできる「習慣」となっていくはずだ。

❸ 定期的に時間を確保する

空き時間ができたときにやるよりも、決まった時間を確保して練習したほうが進歩が速い。短時間でも効果のあがるスキルもある。15分、45分、あるいは1時間。必要な時間は、習得しようとしているスキルによって変わってくる。

❹ 大きな一歩ではなく、小さな一歩を

一度に長時間、盛りだくさんに練習するより、短時間の練習を積み重ねるほうが効果的だ。練習、休み、練習、休み、練習、休み。休むたびに腕が上がるのが実感できるはずだ。

❺ 練習を楽しく

ゲーム感覚で練習できるよう工夫しよう。手軽にできるようにし、変化をつけ、新しいルールも考え出し、いろいろと遊んでみる。練習が雑用のひとつになってしまうと、途端に学びの要素が消え失せるものだ。

❻ フィードバックを得る

スキルを身につけるうえでフィードバックループは欠かせない。何かを試したら必ず当座の目標や最終目標と照らし合わせてその結果を確認すること。こうすれば、何が効果的なのかが無意識のうちにわかってくる。

❼ 小さな進歩を喜ぶ

進歩が実感できると、学びが楽しくなり、やる気も増す。小さな進歩に気がついたら、一瞬でもいいから喜び祝うことだ。チリも積もれば山となる。小さな改善を積み重ねていこう。

出典：マーティ・ニューマイヤー／著『小さな天才になるための46のルール』（ビー・エヌ・エヌ新社、2016年）

1-6 「情熱こそ創造力の源泉」と心得る

秀才は時間の管理を重視し、天才は情熱の管理を重視します。「創造性と相性が良いのはどちらか」など、説明するまでもないでしょう。仕事でいうなら、与えられた仕事を忠実に行うのが秀才で、革新的なアイデアを次々に生み出して、組織を劇的に変えるのが天才です。

また、秀才は外発的モチベーションに反応し、天才は内発的モチベーションに触発されます。外発的モチベーションの典型例はお金です。内発的モチベーションの典型例はまぎれもなく情熱です。天才は、**情熱をガソリンにして、なりふりかまわず自分の才能を爆発させた一握りの人たち**なのです。

典型例はレオナルド・ダ・ヴィンチでしょう。

彼は膨大な絵画や彫刻を生み出しました。その数は10万点にものぼるといわれています。数々の発明品を生み出した手書きの原稿は、13,000ページにもおよびます。

彼にこのような膨大な数の作品を創らせた最大の「推進剤」は**情熱**です。彼はしばしば、数週間も外界との接触を絶ち、自室に閉じこもり、創作活動に没頭したといいます。情熱がそうさせたとしか説明がつきません。

金銭的な報酬は、確かに魅力的な外発的モチベーターですが、情熱を喚起するかというと、必ずしもそうではないのです。あなたも、心の中に情熱の炎を燃やして、人との接触を数時間(数週間は無理だとしても)完全に断つ習慣を身につけてみましょう。

図表1-5は、大規模な調査プロジェクトでハーバード大学(米国)が「創造性の高い組織」と「創造性の低い組織」を比較したものです。

「挑戦的な仕事に取り組んでいる」「『創造的であれ！』と会社が奨励している」といった、情熱と深い関係のある要素の得点が高い組織ほど、「創造性平均値」が高いという結果が出ています。**個人・組織を問わず、情熱に満ちあふれたところからしか、ひらめきは生まれてこない**のです。

図表1-5　創造的な組織の特徴

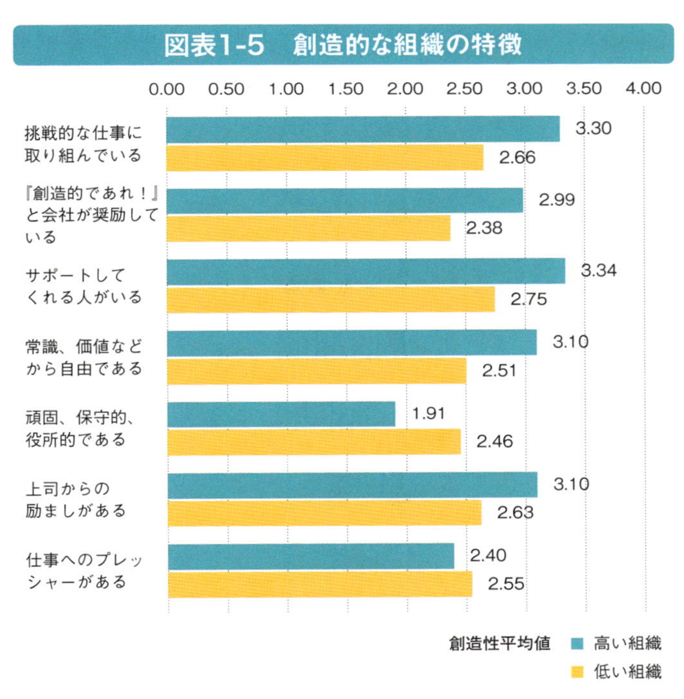

創造性平均値が高い組織は、「頑固、保守的、役所的である」「仕事へのプレッシャーがある」が低い
出典：Amabile, T. M. et al., Academy of Management Journal, 39, 1996,1154-1184.

Column1

「錯視図」で右脳を活性化する

右脳に「混乱」を起こさせるような**錯視図**を見てみましょう。こうすることで右脳に刺激が加わり、ちょうど筋肉を揉みほぐすようなマッサージ効果が生じて、ひらめきが量産されるのです。

私の大好きな2つの錯視図を下に示します。図Aは**不思議なろうそく立て**です。5本のろうそくのうち2本目と4本目は、支持台と炎が一致していないことがわかります。図Bの**不思議な立方体**も、実際にはあり得ません。

図A 不思議なろうそく立て

図B　不思議な立方体

参考：キース・ケイ/著、芦ヶ原伸之/訳『視覚の遊宇宙』(東京書籍、1989年)

第2章 一流の脳の使い方を理解する

将棋のプロ棋士の「脳内で起きていること」を知る

囲碁や将棋の棋士たちは「**ひらめきの天才**」です。理化学研究所でfMRI※を使ったある実験が行われました。fMRIを用いると、脳をまったく傷つけることなく、脳のどの領域が機能しているかがわかるのです。このfMRIで、将棋のプロ棋士とアマチュア棋士を被験者とし、盤面の手を知覚するとき、脳のどの領域が働いているかを測定しました。プロ棋士は、実際の対局においてあり得る駒の配置がなされた将棋の盤面を見ただけで、頭頂葉の後部内側にある**楔前部**(けつぜんぶ)に大きな活動が見られました。この領域は視覚的・空間的に物事をとらえたり、個人的な経験を思い出したりする領域です。

今度はプロ棋士とアマチュア棋士に、将棋の盤面を1秒間だけ見せて、次の手を4つの選択肢から2秒以内に答えてもらうという実験をしました。すると、プロ棋士のみで**大脳基底核**という領域が活動していました。大脳基底核は、主に直感を担っている脳の領域です。特に大脳基底核の**尾状核**が本能的ですばやい直感を司(つかさど)っているといいます。プロ棋士は、盤面を見て最善手を選択するとき、楔前部と大脳基底核を連動させて、次の一手を決めていることが判明したのです(図表2-1)。

また、最善手を選択できる確率の高い棋士ほど、この領域が著しく活動していました。

制限時間を定めて短時間で何かを生み出すことにより、この経路がオンになり、直感が働きやすくなります。つまり、パッ、パッとひらめく脳にするには、時間を制限して、**第一感を大事にする**ことが求められるのです。

※functional Magnetic Resonance Imaging：磁気共鳴機能画像法

図表2-1　プロ棋士の脳内の動き

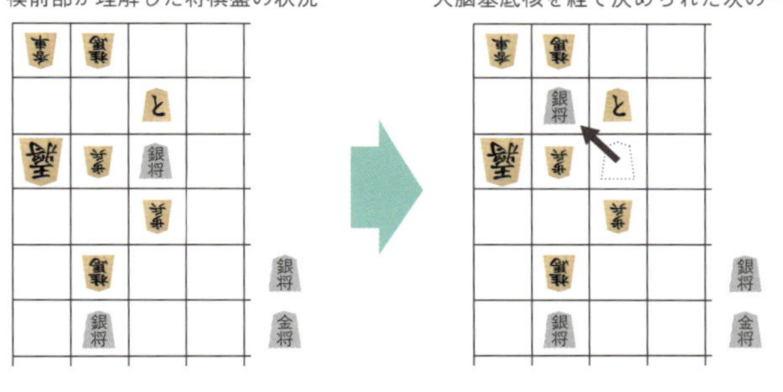

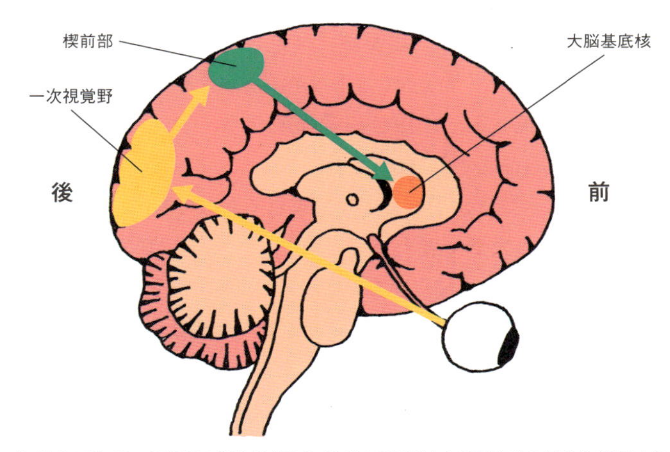

プロ棋士の脳では、頭頂葉の楔前部（瞬時に駒組みを認識）と大脳基底核の尾状核（最適な手を瞬時に導き出す）が、特徴的に動く領域である。直感やひらめきは、将棋や囲碁にかぎらず、すべてこの経路により出力されているはずだ　　参考：『Newton』2014年2月号（ニュートンプレス）

2-2 「好きこそ物の上手なれ」は真実！

子どもを一流に仕立てるヒントは、脳科学の最新データが参考になります。頭のよしあしは、先天的な要素よりも、むしろ後天的な要素、つまり、**この世に生まれてからの脳の発達**にかかっています。

図表2-2は脳科学に造詣が深い医師である加藤俊徳氏が作成した**脳番地**です。脳番地とは、脳科学の分野で脳を機能の異なる領域を分割し、ちょうど私たちの住所の番地と同じように区分した領域のことです。脳番地には番号がついていて、120に区分されています。たとえば、3番は感覚系、4番と6番は運動系、17～19番は視覚系、41番と42番は聴覚系、そして44番と45番は言語系の脳番地です。

大人と比べて特に子どもは、**生まれてからの家庭環境で、脳番地の発達が大きく変わる**といいます。たとえば、言語系脳番地が発達した子どもは、うまくしゃべったり、親や先生の話の理解力が優れていたりするため秀才タイプ――つまり賢い子どもとして周囲の大人に扱われます。

一方、おしゃべりはあまり上手ではないけれど、絵を描くのが得意な子どもは、視覚系番地が発達しています。おしゃべりも絵を描くことも苦手だけれども、サッカーが上手な子どもは運動系脳番地が発達した子どもです。

おしゃべりを洗練させれば、言語系脳番地が単純に活性化して、ますます上手になります。絵を描くことにたっぷり時間をかけた子どもの視覚系脳番地は、よく使われるためやはり自然と進化していきます。もちろん、サッカーの練習に時間を割く子どもの運

図表2-2　脳番地

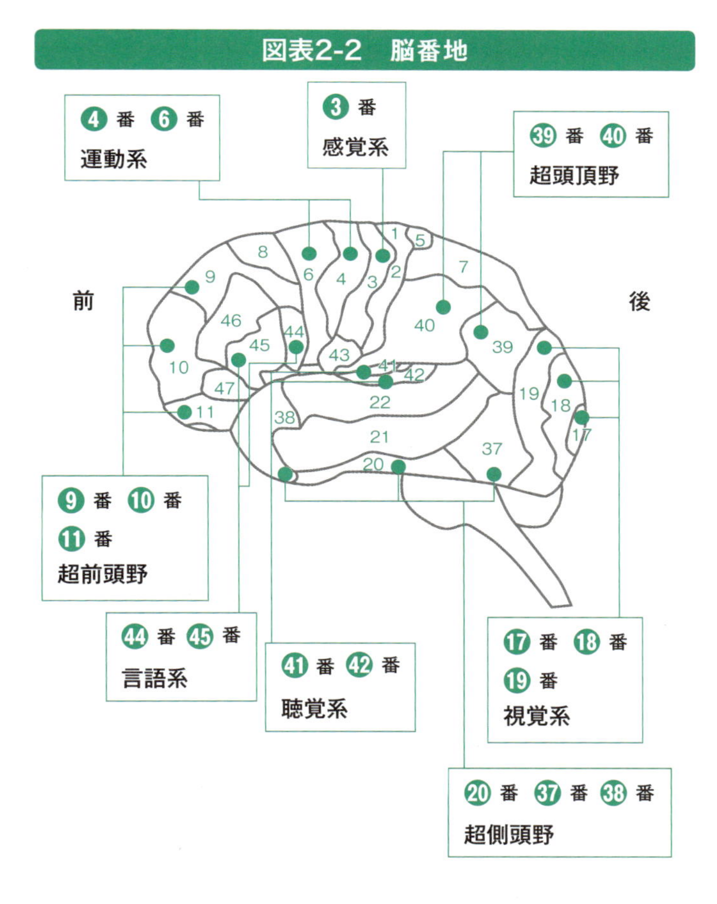

脳のさまざまな機能を、その位置で分類したのが脳番地である

参考：『プレジデントファミリー』(2008年12月号、ダイヤモンド社)

動系脳番地も、常に鍛えられて進化し続けます。

「頭が良い子ども」という表現は、一般的には「勉強ができる子ども」という意味で使われることが多いのですが、実は「絵が上手な子ども」も「サッカーが上手な子ども」もすべて「頭が良い子ども」なのです。

東京大学に入学できる高校生の頭が良いことは間違いありませんが、もう少し厳密に表現すれば、記憶を司る脳の領域が進化

脳番地のどこが発達しているかで、何が得意なのかは変わってくる

した高校生ということであり、甲子園にレギュラーで出場する高校球児は、運動系を司る脳の領域が著しく発達しているということなのです。

「好きこそ物の上手なれ」ということわざは、「人は好きなものに対しては熱心に努力するので、上達が早い」という意味ですが、これは**才能を開花させる王道**です。一流とは**異常なほど、自分の好きなことに人生の時間を費やした人**のことをいうのです。

2-3 「直線脳」と「迂回脳」の違いを理解する

私は、「脳の連係プレーが複雑になればなるほど、高度な天才的スキルを身につけられる」と考えています。それは勉強だけでなく、スポーツや芸術、あるいは仕事におけるスキルであっても同様です。これらはすべて、**内容が高度になればなるほど脳番地を総動員**しているはずです。

一方、ただ英単語を暗記するだけの単純な作業は、迂回することなく近道を選択します。つまり、最短距離の経路が使われます。これが**直線脳**です。

たとえば「simultaneously（同時に）」（副詞）という英単語を聞いて、それを日本語で答える場合を考えてみましょう。まず耳で聞いた「サイマルテイニアスリー」という音は42番地に入力され、暗記した内容を探しに20番地に向かい、思い出した内容を手掛かりに44番地、45番地で解答を導き出し、4番地と6番地で「同時に」という正しい答えを口で発するのです。しかし、この回路によって記憶した事柄はとても不安定です。

一方、五感を総動員して、単なる「simultaneously」という単語だけでなく、視覚系脳番地を駆使して、お店で1つの商品を同時に他のお客さんとつかんでいる場面を取り込んだり、感覚系脳番地を動員して、同時に自動改札を通過したときの「ピッ」という音などを単語に結びつけたりすることで、記憶は深化して安定します。これが**迂回脳**です。確かに脳の複雑な経路を迂回するため無駄が多く、最短距離で記憶した経路に比べて時間もかかるのですが、**忘れにくくなる**のです。

直線脳には柔軟性がないため、当然のことながら応用が利きま

図表2-3　問題を耳で聞いたときの直線脳と迂回脳の違い

● 直線脳

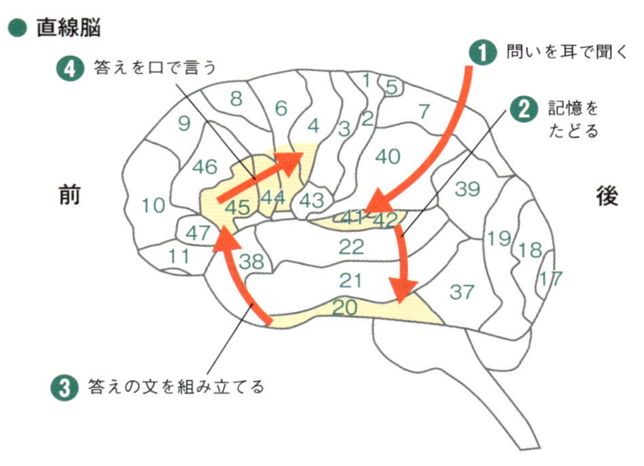

無駄はないが、柔軟な対応には向かない

● 迂回脳

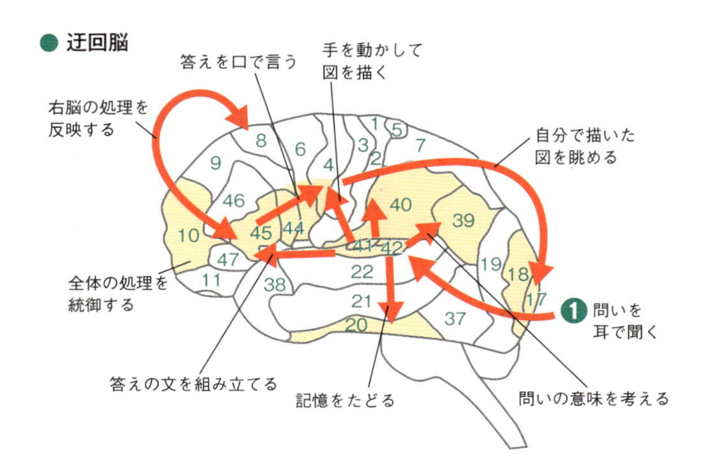

脳のいろいろな場所を経由するので時間がかかるが、突発事態にも対応しやすい

参考：『プレジデントファミリー』（2008年12月号、ダイヤモンド社）

せん。多面的に物事を考えてユニークなアイデアを出すビジネスパーソンや、相手をフェイントでかわして芸術的なゴールを決めるサッカー選手の脳は、間違いなく直線脳ではなく迂回脳を形成して、結果を出しているはずです。

五感を総動員すれば、忘れにくい記憶となる

秀才は直線脳を優先して、最も効率的に表層的な事柄を広く浅く記憶し、受験を突破します。一方、**天才は迂回脳を駆使して、1つのテーマを狭く、深く突き詰めるため、その分野では誰にも真似ができない高度な技を身につけられる**のです。

一流は「小脳の進化した人」である

一流を理解するうえでは、**小脳**が大きな役割を果たしていることを知る必要があります。小脳は大脳の後方下部に位置する臓器で、特に**運動学習に深く関係**しています。

たとえば、あなたが初めてスキーを滑るとき、スキーの教科書を暗記するほど読み込んでも、うまく滑ることはできません。昔から「畳(たたみ)の上の水練(すいれん)」ということわざもあります。上達するには、実際にスキー場でやってみて、何度も転ぶことを経験し、「体で覚える」しかないからです。

では、「体で覚える」とは具体的にどういうことでしょうか？　これはあくまでも「たとえ」であって、実際に手や足が何かを記憶するわけではないことは明らかです。

結論からいえば、一般的に「体で覚える」ということの本質は、練習などで試行錯誤を繰り返した結果、**習得に成功した洗練された情報が、小脳にきっちりと記憶されること**と考えることができます。

●「神業」は小脳から瞬時に引き出される

小脳は、短期記憶を司る海馬(かいば)と相反する働きをしているといいます。海馬の記憶形態は**書き込み式**であり、入力した事柄を何でもかんでも記憶していきます。

一方、小脳は**消去法**によって高度な技を保存します。たとえば、体操の演技で無駄な動きをすれば、それは小脳のシナプスから消去され、最終的には無駄のない洗練された演技が、小脳に保存されるというわけです。これは専門的には、**内部モデル**と呼ばれ

「体で覚える」とはどういうことか？

最初はできなくても、練習を重ねるうち、たまに「うまくいく」ことがあるだろう。これの繰り返しでだんだんと上達して、うまくいくことが当たり前のような域に達し、無意識に体が動くようなレベルになれば、小脳にきっちり記憶されたと考えていい。それが「体で覚える」ということだ

ています。図表2-4にその模式図を示します。

大脳から送られてきた信号は、平行線維からシナプスを通じて小脳のプルキンエ細胞に伝わります。最初は、多くのシナプスが効率よく信号を伝えています。

しかし、たとえばスキーで転倒すると、この情報はエラー信号となり、伝達効率が著しく低下します。その結果、エラー信号は回路から消され、**成功した信号だけが残り、小脳のプルキンエ細胞に伝わる**のです。

たとえば、体操の内村航平選手や白井健三選手がオリンピックで披露する華麗で高度な技は、エラー信号として消されず、成功した信号として小脳に保存されている情報（内部モデル）が、さまざまな判断を行っている前頭前野に伝わり、そこで判断されることで繰り出される熟練の技であるといえます。図表2-5にその模式図を示します。

●小脳は「優れた直感」の源である可能性もある

小脳は、直感にも深い関連があることが判明しています。私たちが経験したことは、通常、一時的に海馬に保存され、それが脳の前頭前野以外のさまざまな場所に分散し、長期記憶として保存されます。

ところが、将棋の対局のような深い思考を繰り返していると、その思考は無意識下での判断や分析に活用されるような記憶として小脳に保存されます。これが**直感の正体**という仮説が優勢になっています。

つまり、通常、私たちが大脳皮質（だいのうひしつ）に保存されている記憶だけを使うのに比べ、一流は**小脳に保存されている洗練された記憶を、瞬時に前頭前野に伝達できる**のです。

図表2-4　「内部モデル」の保存

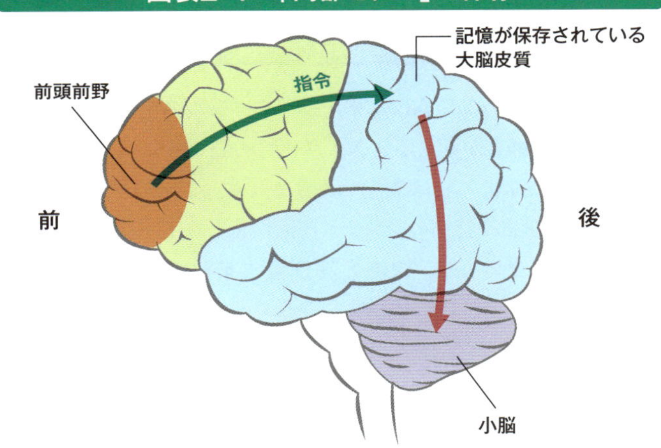

前頭前野からの指令で、大脳皮質の記憶が小脳に「内部モデル」となって保存される

図表2-5　「内部モデル」の発揮

小脳の「内部モデル」を使って、前頭前野が無意識下で判断・分析を行う

参考：ニュートン別冊『脳力のしくみ』（ニュートンプレス、2014年）

2-5 「ひらめきのメカニズム」を知る

ひらめきのメカニズムは、まだ神秘のベールに覆われています。しかし、ひらめきが起こるとき、私たちの脳の中で大きな化学変化が起こっていることは間違いありません。ひらめくとき、大脳辺縁系に存在する感情のシステムが活性化し、**ドーパミン**、**βエンドルフィン**といった、**快感を呼び覚ます神経化学物質が多量に分泌**されます。

これらの物質は、ひらめくときだけでなく、スポーツで優勝した瞬間や、競馬の馬券を当てたとき、パチンコで大当たりしたときなどにも多量に分泌されます。スポーツのチャンピオンが、大会で優勝した瞬間に強烈な快感を味わうのと同じように、ノーベル賞学者も新たなひらめきを生み出した瞬間に強烈な快感を味わうのです。

これが報酬系の脳の領域を活性化して、ますます厳しい練習や、延々と続くひらめきの出力作業に、人を駆り立てていると考えられます。

●「ひらめく人」と「ひらめかない人」は何が違う？

ひらめいたときに脳が働く領域は、その人が生きた過去の人生や興味の対象により、千差万別です。ただし、**ひらめきをつかまえる回路**は存在します。

脳には**ACC（Anterior Cingulate Cortex：前帯状皮質）**という領域があります。この部位は、体に何か異状が発生したときに警告を発するので「**アラームセンター**」とも呼ばれていますが、何かをひらめいた瞬間にも活性化します。すると、ACCから前頭葉の

ひらめきは快感をともなう

人はドーパミンやβエンドルフィンといった、快感を呼び覚ます神経化学物質に支配されているといっても過言ではない

外側にある**LPFC（Lateral PreFrontal Cortex：外側前頭前野）**に「こんなおもしろいこと思いついたよ！」と伝えられます。LPFCは「**脳の司令塔**」です。こうして、LPFCは脳のいろいろな部位に、このひらめきに注目するよう指令を出すのです。

いわゆる「ひらめかない人」というのは、「ひらめきに無頓着な人」ともいえます。ひらめきに無頓着な人は、たとえすばらしいひらめきが起こっても、LPFCの感度が低いため、脳が活性化しません。その結果、せっかく生まれたひらめきが闇に葬り去られてしまうのです。すると、ACCも「せっかく教えてやったのに、なんだよ……」となって「やる気」を失い、負のスパイラルに陥ってしまうのです。

●自分のひらめきに敏感になることが重要

LPFCを活性化するには、**普段からひらめきに敏感になり、ひらめきを自覚して出力する習慣を身につける**ことです。頻繁に「あ、ひらめいた！」と感じる習慣を見つけると、それが、たとえ「使えないひらめき」であっても、「ひらめきをつかまえる回路」は強化されるのです。

この作業は「砂利（じゃり）道を舗装する作業」に似ています。これを繰り返すことで砂利道の回路は見事に舗装され、ACCの働きもLPFCの感度も高くなり、ひらめきやすくなるのです。

なお、ひらめきは、短期記憶の貯蔵庫である海馬に保存されますが、長期記憶として定着するには、**好き嫌いの脳である扁桃核（へんとうかく）との協力作業**が欠かせません。扁桃核を活性化させた事柄は感情の起伏を引き起こし、これが海馬を活性化して、**強烈な印象として大脳皮質に長期記憶される**のです。扁桃核は、海馬の活動にも大きな影響を与えているのです。

図表2-6　脳の正中断面と左大脳半球

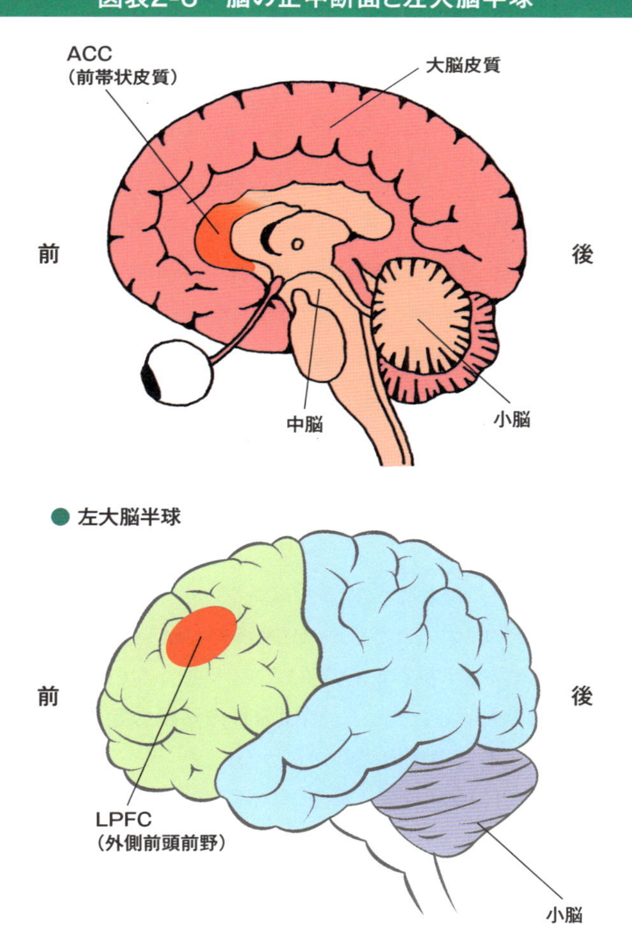

ACC（前帯状皮質）の活性化には、LPFC（外側前頭前野）の活性化が欠かせない。それには普段から、自分のひらめきに敏感になることが重要である

創造性の発揮で活性化する「脳の領域」とは？

ひらめく力について筑波大学の山本三幸博士が以下のような実験をしています。被験者は「デザインを専門的に勉強している筑波大学の学生20人」と「一般の筑波大学の学生20人」でした。

すべての被験者は、まず15本のペンの絵を見せられました。その後、被験者はfMRIの装置に入り、新しいペンのデザインをできるだけたくさん考案する作業をしました。これにより、デザイン中に、脳のどの部分が活発に働いているかがわかります。

まず、一般学生の脳では、デザインしているさなかに大脳皮質の前頭前野が活発に働いていました。一方、デザインを専門的に勉強している学生グループの脳では、右脳の前頭前野では活動は見られましたが、左脳の前頭前野の活動はあまり見られませんでした。

もちろん、実際に考案されたデザインをオリジナリティ（独創性）の観点で4人のプロのデザイナーが評価すると、デザインを専門的に勉強している学生グループのほうが2倍近く高い評価でした。

この実験で判明したことは、**前頭前野の活動の差が左右で大きく異なるほど創造性の点数が高かった**という事実です。山本博士は、「左脳の前頭前野の働きが、右脳の前頭前野により、何らかの仕組みで抑えられたことによって、芸術的なひらめきが高められたのかもしれない」と語っています。つまり、**一般学生では左脳が働くことにより常識が働き、ひらめく力を弱めた可能性がある**のです。ひらめきを獲得したければ、文字や数字を使った左脳中心の思考をやめて、イメージを使った右脳中心の思考をすることが大切なのです。

図表2-7　デザインのひらめき力を確かめた実験

創造性の高い学生の脳は、クリエイティブな作業中、右脳の前頭前野が左脳の前頭前野を抑えていると考えられる　　参考：ニュートン別冊『脳のしくみ』（ニュートンプレス、2014年）

2-7 テストステロンで「空間認識能力」と「やる気」を高める

テストステロンという神経化学物質があります。テストステロンは別名、**攻撃ホルモン、勝者のホルモン**と呼ばれ、石器時代は男を狩りに向かわせ、獲物を捕らえる原動力となっていました。もちろん、ライオンや虎といった凶暴な肉食動物でも、多く分泌されています。

人において、この物質の分泌が最も多いのは、12〜17歳の多感な時期です。このことは少年犯罪にも大きな影響を与えています。暴走族の若者が20歳前後を境に、その行動をやめるケースが多いのも、実はこの化学物質と深い関連性があります。なぜなら20歳を過ぎると、テストステロンの分泌量は急速に低下するからです。

ところが、テストステロンは**空間認識能力**とも深い関連があります。**テストステロンの分泌量が多いほど、空間認識能力が高くなる**のです。三次元空間における位置関係などを、すばやく正確に把握する空間認識能力は、将来、プロスポーツ選手になるという夢を持つ子どもたちはもちろん、ビジネス界で活躍するためにも、高めることが不可欠です。

たとえば、以下のような職業においては、高度な空間認識能力が求められます。空間認識能力が欠如していると、致命的な事故や支障が起きるためです。

・飛行機のパイロット
・F1のドライバー
・内視鏡を使って手術する外科医

図表2-8　テストステロンを増やすには?

テストステロンを増やす行動

筋力トレーニング

激しい運動
適正体重の維持
肥満の場合は減量
質の良い睡眠

テストステロンを増やす栄養素

亜鉛
アミノ酸
L アルギニン
ビタミン C
ビタミン D
ビタミン E
セレン
アスパラギン酸
コレステロール
インドール -3- カルビノール
タマネギアリイン

テストステロンを増やす医療

テストステロン補充療法
心理療法
認知行動療法

避けるべきこと

ストレス
砂糖や炭水化物の過剰摂取
グレープフルーツの過剰摂取
多価不飽和脂肪酸の過剰摂取(サラダ油など)
アルコールの過剰摂取

テストステロンの分泌を高めるには、筋力トレーニングが向いている。ちなみに、テストステロンの構造を人工的に変えたものが、ドーピングで悪名高いアナボリックステロイドである

テストステロンの分泌量は、遺伝的に男性より女性のほうが少ないのですが、事実、これらの職業の大部分は圧倒的に男性が占めています。なお、地図を読んだり、自動車を運転したりするときは、テストステロンの分泌量が多くなることも実験で判明しています。

●仕事にもプラスに働くテストステロン

テストステロンは、やる気やバイタリティ（活力）との関係も明らかになっています。ジョージア州立大学（米国）のジェイムズ・ダブス博士は、さまざまな職種の男性の唾液を採取し、テストステロンの量を分析しました。その結果、興味深い事実が判明しました。

たとえば、有能なセールスパーソンは、テストステロンの量が他のセールスパーソンよりも明らかに多かったのです。つまり、ある種の職種の人たちは共通して、**テストステロンによって成果を挙げている**とも考えられるのです。

それだけでなく、同一人物においても、「成果があがっているときにはテストステロンの分泌量が多く、そうでないときには分泌量が少なかった」のです。

テストステロンの量は、筋力トレーニングを習慣化させたり、睡眠の質を高めることにより増やすことができます。また、亜鉛やビタミンDなどを摂取すれば、やはりテストステロンの量を増やすことができます。細かい項目は、前ページの図表2-8を参考にしてください。**テストステロンの量を増やすうえで避けるべきこと**もまとめてあります。

また、空間認識能力が高まる訓練方法を**右ページ**に示します。これらの行動を日常生活に積極的に取り入れて、日々鍛えましょう。

空間認識能力を高める訓練方法

①球技を楽しむ

②地図を持たずに見知らぬ街を歩く

③キャッチボールをする

④けん玉で遊ぶ

⑤リフティングを楽しむ

⑥お手玉をする

⑦車庫入れの達人を目指す

⑧ダーツを楽しむ

スポーツ選手はもちろん、外科医やパイロットといった職業でも、空間認識能力は重要になる。自動車の運転など、日常生活においても不可欠だ

2-8 人には「すさまじい画像処理能力」がある

解剖学的に見て、脳という臓器は文字や数字を処理するのに向いていません。文字や数字の処理は、アナログな脳が比較的直近、身につけた能力です。この機能については、その処理速度や精度において、わずか数万円のパソコンやスマホに、まったくかないません。しかし、アナログな脳には「最後のフロンティア領域」が存在します。それは**画像処理能力**です。

たとえば、1枚のイラストは、情報量に換算すると数万語の文字に相当します。あなたが1万語の文字や数字を処理するには、どんなに速く読んでも10分程度はかかるはずです。しかし、**脳は同じ情報量の画像をわずか数秒で把握**してしまうのです。

人の画像処理について、ある心理学の実験結果を紹介しましょう。まず2,560枚の写真が、被験者たちの目の前のスクリーンに映し出され、写真1枚につき10秒見せます。そして数日間にわたり、それらの写真をすべて被験者に見せました。上映時間は、延べ7時間におよびました。

すべての上映が終わった後、彼らは次のようなテストを受けました。これまでに見た2,560枚の写真と、それと同じ数の酷似した写真を同時に見せられ、どちらの写真が「すでに見た写真」かいい当てるというテストです。結果は驚くべきものであり、正解率は実に85〜95%でした。

そこで次に、写真を見せる時間を10秒から1秒に短縮して、ほかの被験者を対象に同じ実験をしました。そのときの結果も正解率85〜95%と、最初の実験と同じだったのです。このように、**人の脳にはすごい画像処理能力が備わっている**のです。

人の画像処理能力は機械をしのぐ

高速な画像処理能力という、人の決定的なアドバンテージを活用しない手はない。9-1のフラッシュ・カードによるトレーニングなどにより、1秒単位で画像を処理する習慣を身につけることで、あなたの情報処理能力は劇的に高まる

Column2

一流テニスプレーヤーに「左利き」が多い理由

ATP（男子プロツアー）とWTA（女子プロツアー）のトップクラスの選手を左利きと右利きで分類したデータです。図表C-1が男子、図表C-2が女子です。この図表から、トップクラスの選手における左利きの比率は20％を超えていることがわかります。特に「週間トップ」では男子が30％を超え、女子では40％に迫ります。

一般のテニスプレーヤーにおける左利きの比率は8.8％という別のデータがあるので、**プロテニスの世界では左利きのプレーヤーの比率が明らかに高い**ことがわかります。

なぜ、プロテニスにおいて**左利き**が有利なのでしょうか？　左利きは右利きとの対戦が多く、右利きは左利きと対戦する頻度が少ないため、慣れという点で左利きプレーヤーのほうが有利であることが理由の一つとして考えられます。

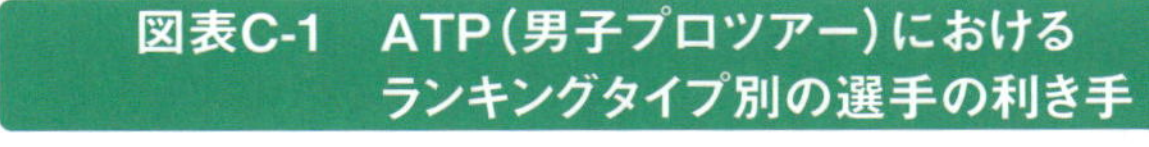

図表C-1　ATP（男子プロツアー）における ランキングタイプ別の選手の利き手

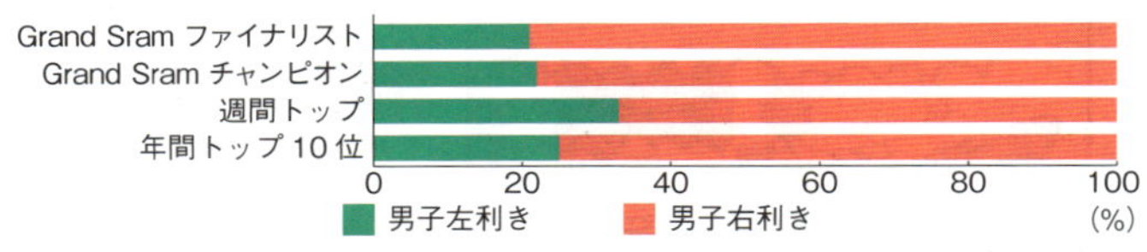

図表C-2　WTA（女子プロツアー）における ランキングタイプ別の選手の利き手

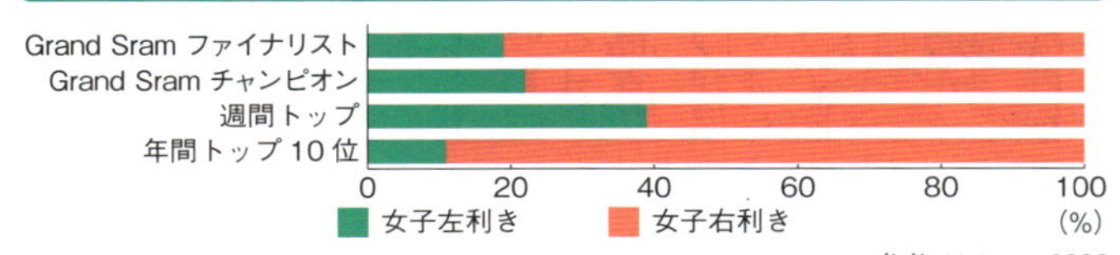

参考：Holtzen, 2000

「非利き脳」を活性化させる

3-1 「非利き脳」を積極的に活性化させる

脳全体を活性化させる習慣を、具体的にどうやって日常生活に組み込めばよいのでしょうか？

手っ取り早いのは、**左半身、右半身をまんべんなく使う**ことです。しかし、ほとんどの人は右利きなので、右半身を活用する頻度が圧倒的に高く、残念ながら脳全体を活性化させるのとはほど遠い体の使い方になっているはずです。

ですから、**右利きの人は進んで左半身を積極的に使いましょう**。たとえば、ときどき、お箸や歯ブラシを左手で扱ったり、鉛筆を左手に持ち替えて文字を書いたり、絵を描いたりしてみましょう。それだけであなたの脳全体は活性化するのです。

もし、同じ腕前のキックボクサーが対決したとき、オーソドックスでしか闘えない選手と、オーソドックスとサウスポーを自由自在にスイッチ（切り替えること）して闘える選手とでは、どちらが有利かはいうまでもないでしょう。もちろん、自由自在にスイッチできる選手のほうが有利です。

余談ですが、私は左利きです。ただし、幼稚園のときに母親からお箸と鉛筆は右手で扱うよう矯正されたため、両手を駆使して日常生活を送っています。学生時代、私は右手で鉛筆を持ち、左手で消しゴムを持って、先生が黒板に書いた文字を書き写していました。私にとってこの作業は当たり前だったのですが、右利きの友人にとっては、とても不思議な光景だったようです。右利きの友人は、書いた文字を消すときいったん鉛筆を机に置き、消しゴムを右手に持ち替えてから文字を消して、ふたたび鉛筆に持ち替えていました。私には、もどかしく感じられましたが……。

自分の「利き側」とは反対の「非利き側」を意識して使う

自分の「利き側」でない手足を意識して使うことで、脳全体の活性化が加速する。理想は、左右とも同じように動かせることだ

3-2 「自分の利き手」を正確に知る

ここで、あなたの**利き手**をチェックしましょう。私たちが普段「右利き」と表現するときは、主に**利き手が右であること**を指します。利き手を判別する特に有名な方法は、**図表3-1**の**エディンバラ利き手テスト**です。現在、世界で最も広く利用されているといってもいいこのテストは、エディンバラ大学心理学教室のR.C.オールドフィールド教授が作成したものです。

それぞれの項目について、「絶対に他方の手を使うことがない」なら「＋＋」を、「ほとんど他方の手を使うことがない」なら「＋」を記入します。記入したら、以下の式に当てはめます。

$$\frac{(\text{右手の＋の数})-(\text{左手の＋の数})}{(\text{右手の＋の数})+(\text{左手の＋の数})}\times 100$$

この計算結果が－なら左利き、＋なら右利きです。もちろん、あなたが右利きだったからといって、左手が何もしていないわけではありません。たとえばビール瓶（びん）の栓を抜くとき、右利きの人は右手に栓抜きを持って栓を開けますが、左手が何もしていないわけではなく、ビール瓶を握って安定させる役割を果たしています。

もし、あなたが右利きなら、今度、左手に栓抜きを持ち、右手でビール瓶を支えながら栓を抜いてみましょう。そして、そのぎこちない感覚を楽しんでください。もちろん、前述のように、歯ブラシやお箸を左手で扱うことにも積極的に挑戦してみましょう。**利き手でないほうの手を積極的に使う作業が、あなたの脳を活性化して、潜在能力を開花させる**ことに貢献してくれるのです。

図表3-1 エディンバラ利き手テスト

以下の動作を行うときに、どちらの手を使いますか。

	左手	右手	どちらの場合もある
❶ 文字を書く			
❷ 絵や図形を描く			
❸ ボールを投げる			
❹ ハサミを使う			
❺ 歯ブラシを使う			
❻ ナイフや包丁を使う			
❼ スプーンを使う			
❽ 両手でほうきを持つときに上になる			
❾ マッチをするときにマッチ棒を持つ			
❿ 箱や蓋を開けるときに蓋を持つ			

このテストにより、自分の利き手が「右」なのか「左」なのかが、簡単にわかる
出典：R.C.OLDFIELD, "THE ASSESSMENT AND ANALYSIS OF HANDEDNESS：THE EDINBURGH INVENTORY", Neuropsychologia, 1971, Vol 9：97-113

3-3 自分の「利き側」と「非利き側」を把握する

体には、多くの「利き側」と「非利き側」があります。利き手はその一つです。しかし、多くの人は**利き手以外の「利き側」に無頓着**です。利き手だけでなく、自分の利き目、利き耳、利き足を知っておくことが、全脳を活性化するカギになります。

それではここで**利き目**について考えてみましょう。自分の利き目を知る方法は簡単です。まず、部屋の中に小さな対象物を見つけましょう。たとえば、ドアノブを対象物とするなら、両目を開けて右手の人指し指を立て、ドアノブと重なるようにします。次に、そのままの状態で交互に片目を閉じましょう。ドアノブと人指し指が重なったときに開いていた目があなたの利き目です。

次は**利き耳**です。やり方は簡単です。利き耳はイヤフォンを使って判定します。片側のイヤフォンだけで音楽を聴いたとき、クリアに聴こえるほうの耳があなたの利き耳です。

そして**利き足**です。サッカー選手ならともかく、多くの人は自分の利き足に無頓着です。ボールを蹴りやすいほうの足、ズボンをはくときに最初に入れるほうの足、階段を昇るとき最初に上げるほうの足が利き足です。図表3-2は、日常生活における足の使い分けについて記したものです。この表から、ボールを蹴る足としては右足を使う頻度が高く、自転車に乗るとき最初ペダルにかける足は反対に左足が多いことがわかります。

図表3-3の「利き足チェック用紙」で、自分の利き足を点検してみてください。自分の体の「利き側」と「非利き側」を理解して、**「非利き側」を積極的に使う習慣を身につければ、脳を活性化できる**のです。

図表3-2 日常生活における足の使い分け

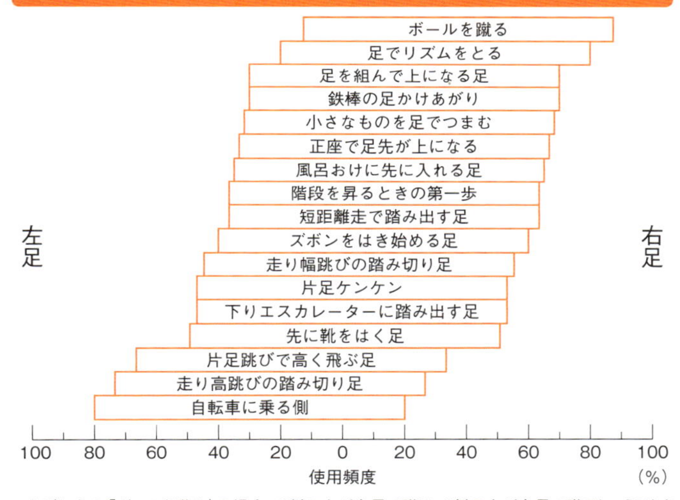

いちばん上の「ボールを蹴る」の場合、9割の人が右足で蹴り、1割の人が左足で蹴るということを表している

出典：前原勝矢/著『右利き・左利きの科学』(講談社、1989年)

図表3-3 利き足チェック用紙

設問	答え	
ズボンをはくときに最初に足を入れるのはどちらですか?	左足	右足
階段を昇るとき最初のステップに足をかけるのはどちらですか?	左足	右足
ボールを蹴るのはどちらの足ですか?	左足	右足
足を組むときに上にくるのはどちらの足ですか?	左足	右足
足の親指と人差し指で床の鉛筆をつまむとき、どちらの足のほうがうまくつまめますか?	左足	右足
片足でケンケンするとき、地面につく足はどちらですか?	左足	右足
先に靴をはくほうの足はどちらですか?	左足	右足

左足に○をした数
0〜2 ➡ 右足が利き足
3〜4 ➡ どちらが利き足か断定できない
5〜7 ➡ 左足が利き足

3-4 あなたの脳は「拠点型」か「散在型」か？

脳全体の活性化を実現するためには、左右の大脳新皮質が頻繁に交信することが求められます。この2つの大脳半球を結んでいるのが**脳梁**（のうりょう）という器官です。脳梁は左右の大脳半球の「橋渡し」の役割を果たしています。一般に、脳梁の神経繊維の束が太い人ほど左右の情報交信機能が優れているといえます。なかには、「脳梁の発達した人ほど創造性に優れている」と主張する学者もいるくらいです。著名な心理学者であるハワード・ガードナー博士は「左右差の少ない脳を持つ人は、イメージしたり、計画を立てたりする能力が優れている」と主張しています。

あるいは、オークランド大学（ニュージーランド）のマイケル・コーバリス博士は「脳の左右差の少ない人は、迷信に傾きやすい半面、創造性があって、たぶん空間を把握する能力にも優れている」と述べています。

脳の分類法の一つに**拠点型**と**散在型**があります（図表3-4）。これは「鉄道の路線」にもたとえられます。拠点型の脳は新幹線型、散在型は在来線型となります。一般的に、右利きの人は拠点型、左利きの人は散在型が多いようです。右利きの人は拠点が少なく、そこに機能が集中しています。一方、左利きの人は拠点が分散しています。これにより、**右利きは決まりきったことのすばやい処理が得意**であり、左利きは**難易度の高いさまざまな種類の処理が得意**なのです。ただし、あくまでも右利きと左利きの人の一般的な傾向であり、個人差はあります。また、脳に損傷を受けたとき、拠点型の右利きの人が受けるダメージよりも、散在型の左利きの人が受けるダメージのほうが少ないのです。

図表3-4　右利きと左利きの脳の働き方の違いを表現したモデル

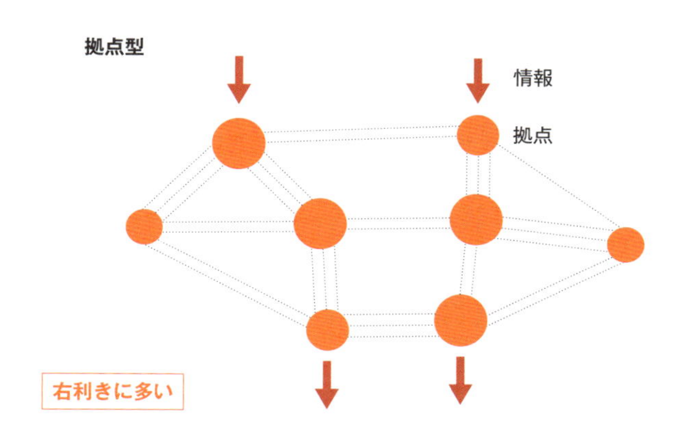

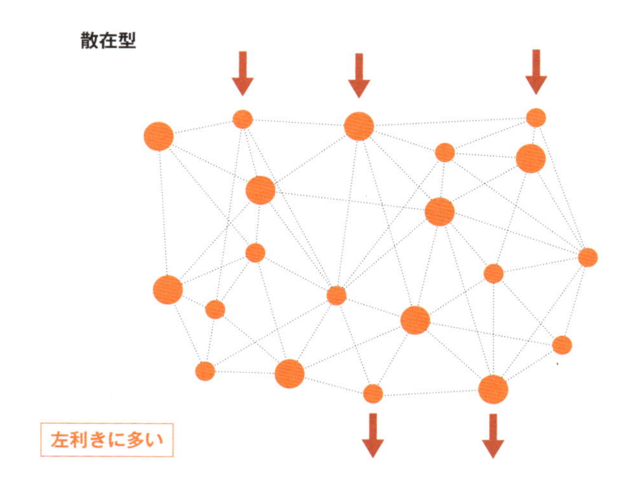

拠点型の右利きは「新幹線」型、散在型の左利きは「在来線」型である
出典：“The cortical organization of the right- and left handed.”, Dimond and Beaumont, 1974a

3-5 左右の大脳新皮質を「連動」させる

「普段から文字と画像の両方で理解する習慣を身につけることで、効率よく学習できる」と主張する学者は少なくありません。その典型例は外国語の習得でしょう。**英単語を記憶するとき、文字（左脳）と画像（右脳）の両方で記憶すると、その言葉は鮮明に脳に記憶**されます。たとえば、「fish」という文字を記憶するだけでなく、魚のイラストと連動させて覚えれば、その記憶は強固になります。あるいは声を出して記憶することで聴覚を刺激すれば、その記憶は深く脳に刻み込まれます。

バイリンガルの言語能力について研究したカナダのL.ギャラウェイのモデルを**右ページ**に示します。文法のような言語機能は左脳が処理し、表情の認知、仕草や音色の判別のようなコミュニケーション機能は右脳が処理します。

人の言語能力は、文法に象徴される左脳で処理される能力と、コミュニケーションに象徴される右脳で処理される能力が融合することで成り立っています。となると、**大脳全体を駆使するほうが有利**であることは間違いありません。ここでも**左右の脳をつなぐ脳梁の役割が重要**になってきます。

天才という言葉で思い出されるのが、ダスティン・ホフマン主演の映画『レインマン』のモデルになったキム・ピーク氏でしょう。彼は自閉症ですが、**サヴァン症候群**であり、1万冊近くの本の内容を完璧に記憶できる脳を持っていました。彼の脳には脳梁がなく、大脳新皮質が左右に分かれていませんでした。彼の驚異的な記憶力は、このように左右の脳が一体化していることが理由だったとも考えられます。

バイリンガルの言語能力についてのギャラウェイのモデル

対人のコミュニケーションでは、左脳の働きと右脳の働きが、高いレベルで融合されることが望ましい

参考：Galloway,1981

脳の領域を総動員して「創造性を発揮」する

「創造性のある人」と「そうでない人」の違いを脳科学的に解明した実験があります。トマス・ジェファーソン大学（米国）の研究責任者アンドリュー・ニューバーグ博士は、fMRIにより脳の神経回路網を記録しました。

被験者には野球のバットや歯ブラシなど、日用品の新しい利用方法を考えてもらいます。すると、創造性のある人とそうでない人の違いは、明確な差となって脳梁に現れました。この実験では、**創造性のある人の脳梁は、そうでない人に比べて神経繊維の数が明らかに多かった**のです。このことについてニューバーグ博士はこう語っています。

「（脳梁の）赤い部分が多ければ、（創造性のある人はそうでない人に比べて）両半球を結ぶ神経繊維が多いということです。これは左右の半球の間で情報伝達がより活発なことを示しています。高い創造性を持つ人たちの特徴と考えられている現象です。彼らのほうが、思考過程に柔軟性があり、脳のさまざまな領域からの情報伝達が活発だと考えられます」

天才の脳は、凡人の脳では気がつかないような事象を組み合わせて新しいものを生み出します。ですから、**脳のさまざまな領域で情報を交換できるほうが有利**です。あのアルベルト・アインシュタインは、

「相対性理論の原理を発見するよりも、それを数式にすること

のほうが何倍もエネルギーを必要とした」

と語っています。相対性理論は言語ではなく、画像によって生まれたともいえます。しかしそれだけでは、理解できるのが自分だけなので、人に説明できません。そこで論理を司る左脳の出番になるのです。ひらめきを生み出すのは右脳であることは間違いないのですが、それだけではいけないのです。

ここで、左脳と右脳をスイッチする技術をお教えしましょう。図表3-5は何に見えるでしょうか？　多分ほとんどの人は5〜7秒ごとに「LEFT」という単語と、数個の意味のわからないオレンジ色のブロックが交互に浮かび上がってくるはずです。これは右脳と左脳がスイッチしている証拠です。

図表3-6は、左右の脳を切り替える具体的な作業です。日常生活の中でこのような作業を行うことにより、片方の脳の負担を軽減できるのです。

図表3-5　何が見える?

図表3-6　左脳と右脳を切り替える技

左脳 ➡ 右脳	右脳 ➡ 左脳
・電話を左耳で聞く	・電話を右耳で聞く
・空想にふける	・メモを取る
・ハミングする	・ことわざをつぶやく
・窓の外の雲を見る	・時計を見る
・イラストを描く	・クロスワードパズルをする
・香水のにおいをかぐ	・財布の中の小銭をチェック

3-7 左利きは「不便」だが「損」ではない

　自分の子どもが左利きだとわかったとき、あなたはどう思うでしょうか？　少し前までは、**左利きを嫌った親が、子どもを右利きに矯正することも多かった**のです。事実、私もお箸と鉛筆は右手で使うよう矯正されました。しかし、歴史上の人物を振り返ると、右脳を使うような優れた科学者や発明家には、左利きの人が多いことがわかっています。

　レオナルド・ダ・ヴィンチもアインシュタインも左利きでした。ダ・ヴィンチは、美術、音楽、工芸の各分野ですばらしい業績を残しましたが、当時の知識人の教養として身につけなければいけなかったラテン語は苦手でした。彼の残した膨大なスケッチは、そのほとんどが図形で、スケッチの隅にあった文字は左右逆の鏡像書字でした。鏡像書字を書くのは多くの場合、左利きの人です。

　ハーバード大学(米国)の調査では、数学を得意とする中学生は、国語を得意とする中学生に比べ、左利きの割合が約2倍多かったそうです。

　「**英才児には左利きが多い**」という主張もあります。八田武志(関西福祉科学大学教授)氏の『左対右　きき手大研究』(化学同人、2008年)の中で、アイオワ大学(米国)のベンボウ氏による、高校生が大学に進むときに必要なSATという大学進学適性試験の得点(数学、言語)を分析した研究が紹介されています。この研究で対象にしたのは、平均よりも5年ほど早い12～13歳でSATを受験した児童です。普通は高校生でSATを受験するので、英才児と考えていいでしょう。

　その結果が図表3-7です。英才児は「強い左利き」「弱い左利き」

「両手利き」のどれにおいても、その出現率が高くなっています。この理由をベンボウ氏は、「胎児期の男性ホルモンの分泌の偏りによって生じた右半球の補償的な発達が原因となって、数学に必要とされる空間的能力が著しく発達したためである」としています。

また、左利きの人は、普段から左手など左半身を使う頻度が右利きの人よりも多いので、右脳を使う分野では右利きの人よりも有利だとも考えられます。加えて、大多数を占める右利きの人向けに世間は最適化されているので、左利きの人は自動販売機や自動改札、ATM、スープをすくうおたま、はさみなど、いたるところで半強制的に右手を使わされるシーンも多いでしょう。しかし、**これはこれで左脳を活性化させており、バランスがとれている**ととらえることもできます。

図表3-7 英才児の利き手

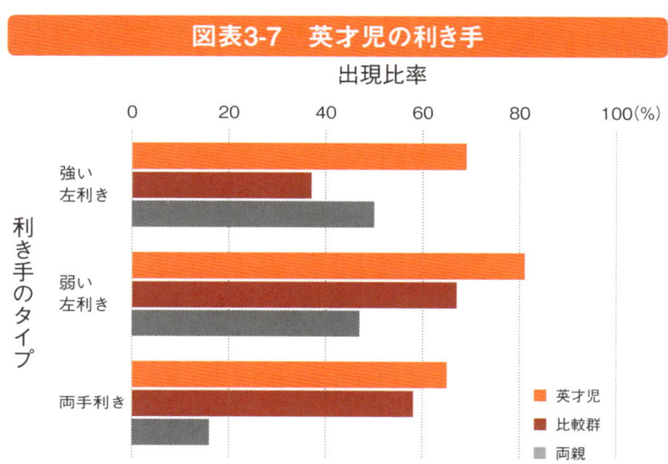

この研究の対象になった数学の英才児は291名、言語の英才児は165名。比較群は203名の学生

出典：八田武志/著『左対右　きき手大研究』（化学同人、2008年）、Benbow, C. P.（1986）. Physiological;corrlates of extreme intellectual precocity. Neuropsychologia, 24, 719-725

Column3

心の中から「思い込み」を追い出す

思い込みは、ひらめきや直感を遠ざけてしまいます。思い込みに陥りやすい理由として、これまでに獲得した知識や経験が挙げられます。私たちは、知識や経験を獲得することで賢くなった気がしますが、知識や経験がひらめきや直感力に悪影響を与えてしまうのであれば、「賢くなった気がする」のは錯覚にすぎません。

図表Dを見てください。真ん中に白い正三角形が見えるはずです。しかしこの正三角形は、実際には存在しません。まったく**幻にすぎない**のです。この図のレイアウトから、そう見えるだけの思い込みなのです。「〜であるはずだ」とか「〜となるに違いない」といった言葉をあなたが発すると、あなたの脳はそれを裏付けるような事柄を探し始めます。過去の知識を捨て去って、真っ白な気持ちで物事を判断するのは、簡単なようで、案外難しいのです。**先入観を捨て去って、まず常識を疑ってみましょう。**

図表D　この図から何が見える?

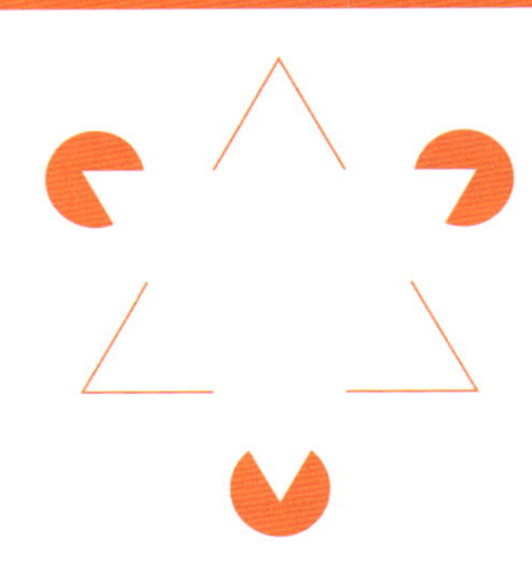

直感を極限まで働かせる技術

「直感力の正体」を見極める

直感力ほど、人に与えられた神秘的な能力はありません。実は、ひらめきのほとんどは直感によって生まれています。直感の対極にあるのが、論理です。

天才が生み出すひらめきは、そのままだと、ほかの人に伝わりません。ひらめきは「ダイヤモンドの原石」です。これだけだと商品価値は低いままです。これを論理という研磨機で磨くことで、光り輝くダイヤモンドになり、初めて商品価値が生まれます。

偉大なひらめきを生み出したにもかかわらず、それを自分以外の人に知らしめる努力を怠ったため、実を結ばなかった残念な発明は枚挙に暇がありません。しかし、**論理力をいくら鍛えても、直感力は鍛えられない**と私は考えています。

これについて私の大好きな逸話があります。トーマス・エジソンは、電球を発明した直後、工場を建設するとき、工場で働く技術者を採用することにしました。

このとき、エジソンは面接で、自分が発明した電球を応募者に見せながら、こんな質問をしたといいます。

「この電球の体積がわかるかね？」

多くの応募者は、「実際に電球のサイズを測らせてほしい」と答えたそうですが、ある応募者は「電球を少し壊して水を入れて容積を量るので、ビーカーを貸してほしい」と答えたそうです。そしてエジソンは、計算して答える応募者を採用することはなかったといいます。

エジソンにとって、複雑な計算をして答えを出そうとする論理的な人は必要ありませんでした。**直感力で発想を転換し、答えを出す人は、突飛なアイデアを出せると判断し、進んで採用した**のです。

人の脳が生み出すひらめきは、いまだにどれほど優れたスーパーコンピュータでもまねできません。あなたは脳をフル稼働して、ひらめきを出力する時間をたっぷりと確保し、計算はパソコンに任せてしまいましょう。

突飛なアイデアを出せるのはどちら?

エジソンはおそらく、実際にサイズを測って計算しようとした人よりも、少々突飛でも斬新なアイデアを発想できる人を採用したかったのではないだろうか?

4-2 動画で直感を引き出す 大谷翔平選手の姿勢に学ぶ

2017年、北海道日本ハムファイターズからロサンゼルス・エンゼルスにメジャーリーガーとして入団した大谷翔平選手ほど、**脳の画像処理機能**を活用しているアスリートを探すのは難しいでしょう。彼は、スマホに自分やお手本のピッチャーのフォームの動画を取り込み、自宅や移動中、暇さえあればそれを見るという習慣を身につけています。

このことについて、彼はこう語っています。

「(フォームの動画は)iPadで見るし、移動中はケータイでも見ます。自分の映像より他の選手を見ることが多い。左投手もサイドスローの投手も打者も見ます。人の映像を見て、自分にどうつながるかに興味があるので、寝ていても何かひらめくときがある。もっとこういう風に投げたらいいんじゃないか、こう足を上げたらいいんじゃないか、とか」

大谷選手は脳の画像処理機能をフル稼働させながら、**ひらめきの出力を待っている**のです。ただ漫然と練習を積み重ねるだけでは劇的な進化を望むことはできませんし、いくら時間があっても足りません。

この大谷選手の姿勢は、ビジネスや学校の現場でも通用します。困難な業務や、難易度の高い勉強、厳しい練習と並行して、仕事や勉強、スポーツにおけるテーマを念頭に置き、それに関連するビジュアル(動画や写真など)を脳にどんどん入力して、**脳からの出力を直感として待つ**のです。

直感を引き出すコツは何か?

スポーツにおいて、自分がどのように動いているのかを正確に知ることは難しい。そんなときに便利なのが動画だ。最近ではスマホでも気軽に動画を撮れる。自分の体の動き方を客観的に眺めてみれば直感的に感じることがあるだろう

「もう1人の自分と対話する」羽生結弦選手

心を自由に解放し、柔軟性を持たせておけば、多くの人がまだ気づいていない「**かすかな変化**」に気がつけます。

2018年の平昌（ピョンチャン）オリンピックで、フィギュア・スケーターの羽生結弦選手は、見事に金メダルを獲得しました。彼はフィギュアスケートのキャリアを通して、「頭で考える」というよりも「自分の心と対話する」ことをしながら、自分の**気づきのスキルを磨き上げてきた**のです。だから、世界一のフィギュア・スケーターに登り詰めることができたのです。このことについて、18歳のころ羽生選手はこう語っています。

「いつも心を開いているんです。見たもの感じたもの、すべてを吸収する。だから逆に自分の心も正直に出す。心を開いてなきゃ、何も吸収できないし、おもしろくないでしょ」

最近の人工知能（AI）の進化には目覚ましいものがありますが、ひらめきや直感においては、どんなコンピュータよりも人の脳のほうが優れています。特に**体が知覚する微妙な感覚というものは、人の脳でしか感知できない**といっていいでしょう。

羽生選手の脳は、滑っているときに受ける風の感触や、スケートのエッジで氷を押しているときの硬さなどを繊細に感じ取りながら、演技に取り込んでいます。それがあの華麗なテクニックを生み出しているのです。**脳が発する心の声に耳をすまして感知し、それをパフォーマンスの手掛かりにする**ことが、羽生選手のような一流の共通点なのです。

気づきの技術を身につける

一流のアスリートは、体が感じたことを素直に受け止め、それを次の試合や演技に生かす。しかし、意識していないと気がつくことができないので意外に難しい。ささいなことにも敏感になるには訓練が必要だ

直感力を高める「内観」を習慣化する

知識と直感は対極にあります。あまりにも知識を脳内に詰め込むと、直感を出力する領域が鈍ります。あるいは、常識に慣れてしまうと、先入観や思い込みが生じて、ひらめきを遠ざけてしまうのです。

もちろん、無からひらめきが生まれることはありません。雪がほこりを核にして結晶化するように、ひらめきの核になるのは知識であることは間違いありません。しかし、知識をいくら増やしても、ひらめきが生まれる確率が高まることはありません。むしろ脳が硬直化して、柔軟な発想を遠ざけてしまいます。

ひらめきを生み出すには、**最小限の知識を核にして、最大限に発想の輪を広げていくこと**です。そして、発想に行き詰まったときは、知識の領域にパチッとスイッチを入れ、異なった知識を新しい核にして、新たな発想を生み出すのです。

直感を研ぎ澄ますには、普段から**感性を高めて、脳の感度を高める工夫をすること**です。

これに加えて、心理学の教科書に書かれている**無の境地**に到達することでも、直感が働くようになります。無の境地に到達することはそう簡単ではありませんが、**瞑想**の習慣を身につければ、私たちも案外簡単に到達できます。

瞑想の習慣は、直感を働かせる脳を形成するうえで欠かせません。9-10の「快感イメージトレーニング」を、すきま時間や就寝前の10分間などに実行しましょう。そうすれば、脳の感度が高まって、直感がさえ渡るようになるのです。

この瞑想をもとに生まれたのが**マインドフルネス**です。マインドフルネスは、「今、この瞬間の自分に注意を向けて、現実をあるがままに受け入れること」です。この心理状態に到達することで、洞察力や直感力といった神秘的なスキルが高まります。いわゆる**内観（精神を集中して、自分自身の精神状態やその動きを内面的に観察すること）**の習慣を身につけるのです。

マインドフルネスで直感力がアップする

私たちは過去に起こったよくないことをクヨクヨ考えたり、まだ起こっていない未来への不安に悩むもの。そんな過去と未来について思い悩むのではなく、現在に意識を集中させよう

5 豊富な経験が「直感の精度」を上げる

直感は、脳が得意としているとても神秘的な高次の機能です。ただし、これらは自分が慣れ親しんだ仕事や勉強で働くものであり、たとえば、宝くじの当たり番号を予測するといったことができるわけではありません。私は過去30年以上にわたり、G1レースにかぎって馬券を購入することが多いのですが、トレーニング・センターで馬の仕草や動きに精通しているプロのトラックマン（競馬予想専門紙の記者）ならまだしも、直感で当たり馬券を安定して予想することなどできません。

直感とは、未来を予想するというよりも、脳の知覚を鋭敏に磨き上げた結果、**ほかの人たちが気づかないことに気がつける**ということなのです。

南アフリカ共和国のヨハネスブルグ近郊の金鉱山では、数多くの坑内員が働いています。ここでいまだに莫大な報酬を獲得しているのは、キャリアが浅い若くて元気な坑内員ではなく、豊富な経験を持つ年老いた坑内員です。ベテラン坑内員の脳は、長い経験に裏付けられた金鉱脈を発見する才能を、高い確率で持っているからといわれています。ベテラン坑内員の脳は、本人すら気づかないうちに、地層のちょっとした色の違いを見分けて、その地層の下に眠る金鉱脈を発見しているというのです。これは、直感そのものといえます。

また、**見えない危険な個所を見つけ出す察知力**の正体も、直感だと私は考えています。もし、あなたが「理由はよくわからないが、なんとなくこの道を選択したら危ないような気がする」と感じたら、それは直感の働きであり、おそらく高い確率でその感覚は当たっています。これも経験に裏付けされている感覚です。

脳は照合作業にたけた臓器です。あなたの脳の中に存在する、過去に蓄積された情報と、異分野の情報とを照合させると、脳内で「化学変化」が起こり、脳は斬新な直感やひらめきをどんどん出力してくれます。

図表4-1　直感を磨く

日付 ＿＿年＿＿月＿＿日　体調＿＿点　精神面＿＿点　睡眠＿＿点

	起床後の採点	就寝前の採点
❶ 今日は良い知らせが舞い込む	(　　)点	(　　)点
❷ 今日は普段よりも仕事がはかどる	(　　)点	(　　)点
❸ 予想もしなかった良い仕事が舞い込む	(　　)点	(　　)点
❹ 今日は普段よりもついている	(　　)点	(　　)点
❺ 仕事が終わって良い日だったと感じられる	(　　)点	(　　)点
(採点は1点から10点を記入)　総得点	(　　)点	(　　)点
	得点差	**(　　)点**

今日一日の予測をする(起床後に記入)

＿＿＿＿＿＿＿＿＿＿＿＿＿＿＿＿＿＿＿＿

今日一日の勘を振り返る(就寝前に記入)

＿＿＿＿＿＿＿＿＿＿＿＿＿＿＿＿＿＿＿＿

起床後と就寝前のそれぞれ10分間を活用して記入する。朝、直感を働かせて今日を予測し、夜、実際にどうだったかを採点しよう。このチェックを繰り返すことで、あなたの直感力は日々向上する

「知覚能力」を徹底的に磨き上げる

レオナルド・ダ・ヴィンチは、のどかな田園風景が広がるイタリアのトスカーナ地方で少年時代を過ごしました。彼は鳥の羽の動きを長期間、観察し続けたことでも有名です。これにより、鳥の羽の正確な動きをイラストで残しています。映画のスローモーション技術が確立されるより500年以上も前の話です。彼はその手記でこう語っています。

「理解するための最良の手段は、自然の無限の作品をたっぷり鑑賞することだ。凡庸な人間は、注意散漫に眺め、聴くとはなしに聴く。感じることもなく触れ、味わうことなく食べ、体を意識せず動く。香りに気づくことなく呼吸し、考えずに歩いている」

児玉光雄/著『最高の仕事をするためのイメージトレーニング法』
(PHP研究所、2002年)

彼は今から500年以上も前に、現代人が抱える問題を嘆いていたのです。これは私見ですが、レオナルド・ダ・ヴィンチの時代に生きていた人たちは、現代人よりも直感力に優れていたのではないかと思います。日々、おびただしい量の情報の洪水を処理することに忙殺されるあまり、**現代人は感じることに鈍感になっている**のです。

図表4-2に、私が開発した**感覚トレーニング**を示します。ぜひ、通勤時間のようなすきま時間に実行してください。あなたの知覚能力が鍛えられ、ダ・ヴィンチのような天才の感覚を手に入れることができるようになるのです。

図表4-2　感覚トレーニング

● 視覚トレーニング

果物や野菜を1つ冷蔵庫から取り出し、10分間かけてじっくり観察しながら、クレヨンでA4サイズのコピー用紙にスケッチしてみよう。もちろん時間に余裕があるなら、それ以上時間をかけたほうがよい。今まで気づかなかった新しい発見があるだけでなく、鋭い観察力が養える。

● 聴覚トレーニング

通勤電車の中にいるとき、聞こえている音を3分間かけて、できるだけたくさん聞き分けてみよう。10種類の音をキャッチできたら、このトレーニングを終了する。どんなかすかな音も逃さないという気持ちでこのトレーニングを毎日繰り返そう。必ず聴覚が鋭くなるはずだ。

● 触覚トレーニング

さまざまな対象物に触れるときに、必ず目を閉じて手のひらだけに意識を集中させてその感触を味わおう。ソファ、文房具、食器といった普段何気なく触っているものも、視覚に頼りすぎるあまり、触覚が麻痺しているからだ。視覚を遮って手のひらの感触に敏感になるこのトレーニングで鍛えることにより、触覚が敏感になる。

● 嗅覚トレーニング

食事をするときに、嗅覚に意識を集中させて香りや匂いに敏感になろう。コーヒーや紅茶を飲むときに、必ず立ちのぼるほのかな香りに意識を集中させよう。あるいは、食卓に並べられた料理が発する香りを感じながら味わおう。そうすれば、食事が何倍も楽しいものになる。

● 味覚トレーニング

私たちの味覚ほどあいまいなものはない。その証拠に、目隠しをして料理を口に運んでみると、ほとんどの人が、普段食べ慣れている食材でも正しく答えられないことのほうが多い。いかに料理を視覚に頼って味わっているかがよくわかる。食事を口に運ぶときには、ときには目を閉じて舌の感覚に意識を集中させて味わおう。それだけで、簡単にあなたの味覚は鍛えられる。

Column4

「鏡像書字」を書いてみる

　歴史上最高の発明家・画家の一人、レオナルド・ダ・ヴィンチは**鏡像書字**で文字を表現することで有名でした（**3-7**参照）。『右利き・左利きの科学』（講談社、1989年）など、利き手に関する研究で知られる医師の前原勝矢博士は、

「ダ・ヴィンチは右手で文字を習い、20歳を過ぎてから何らかの理由により、左手にペンを持ち替え、彼の芸術家・科学者としての背景から社会的圧力や矯正の不合理への反発により、鏡像書字を書くようになった」

と語っています。図表Eに2種類の鏡像書字を示します。上は文字だけでなく文章を書く向きも逆さま（右から左）です。下は文字だけが逆さまで、文章を書く向きは通常と同じです。

　ぜひ、あなたも鉛筆を1本ずつ両手に持ち、両手で同時に鏡像書字を書いてみましょう。必ずあなたの全脳が鍛えられ、斬新な発想がどんどん浮かび、脳の活性化に貢献してくれるはずです。

図表E　2種類の鏡像書字

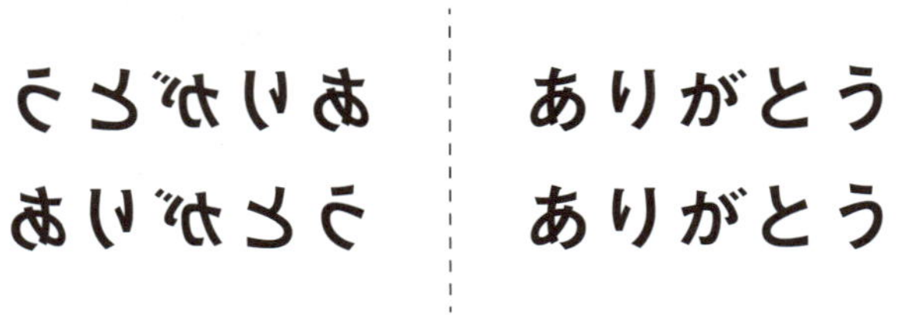

ありがとう

ありがとう

ひらめきを精一杯働かせる技術

5-1 「先入観」にとらわれない

私たちは、目の前の風景をありのまま見ているわけではありません。自分が生きてきた過去の経験を踏まえ、いったん脳のスクリーンを通してから見ています。

右ページの2枚のイラストを比較してください。小さな人物はまったく同じ大きさです。しかし、左では当たり前の人物として認識できますが、右では、小人としか認識できません。この事実から、私たちはありのままの外界を把握しているわけではなく、**常に補正しながら外界を判断**しています。

先入観が災いして、物事の本質を見抜けないこともあります。あるエピソードをご紹介しましょう。2007年1月のある寒い朝、ワシントンD.C.(米国)の地下鉄の駅前でヴァイオリンを弾き始めた男性がいました。彼は45分間かけてバッハの曲を6曲弾きました。ちょうどラッシュアワーだったので、彼の前を多くの人々が通り過ぎましたが、ほとんどの人はその男性の存在をまったく意識せず、立ち止まることなく通り過ぎていきました。

実はこの演奏はある実験であり、これらの模様は隠しカメラで撮影されていました。ヴァイオリンを弾いていた男性は、世界的に著名なヴァイオリニスト、ジョシュア・ベル氏だったのです。彼はそのとき350万ドル(約3億9,000万円)もするヴァイオリンで演奏していました。この2日前、彼がボストンで行ったコンサートは満員で、チケットの価格は100ドル(11,000円)以上でした。

約45分間の実験中、ベル氏の横を1,097人が通過しました。その中で、お金を置いていった人は28人、ちゃんと立ち止まって演奏を聞いたのは7人、この人物がベル氏だと気づいたのはたった1人でした。そして、ベル氏が観客から得たお金は、ベル氏だと気がついた1人から得た20ドルを除けば、わずか32ドル17セントでした。ほとんどの通行人は、ベル氏を小銭稼ぎのストリート・ミュージシャンと思い込み、世界的なミュージシャンの音楽として聴くことはなかったのです。

　このように、大人は目の前の事実を過去の経験によって色眼鏡で見てしまいがちです。**経験は貴重なものですが、経験からくる先入観は創造性を遠ざける1つの要素**なのです。

脳の思い込み

左は脳が自然と廊下を認識して奥行きを感じるので不自然ではないが、背景がただの絵であれば、右のようなこともありえる

5-2 「ど忘れ」と「ひらめき」の意外な関係を理解する

心理学者ハービン・リーマン博士が行った、偉業と年齢に関する研究によると、偉業が最も生まれやすい年齢層は以下です。

化学（25～29歳）
数学（30～34歳）
心理学（35～39歳）
天文学（40～44歳）
小説（40～44歳）

驚くべきことは、数学、器楽曲、彫刻などの分野では、60歳以上の人たちの活躍が目覚ましいという事実です。特にグランドオペラ、絵画、数学の分野では、80歳以上でも創作や研究の意欲を絶やさない人たちが少なからずいます。これらの分野においては、40歳の秀才は、80歳の天才にまったくかなわないのです。

しかし、加齢により「ど忘れ」という現象が起こります。「記憶しているけれども、思い出せない」というもどかしい現象です。少し専門的に表現すると、**大脳皮質のどこかに記憶されている事柄が、何らかの理由で前頭葉に答えとして返ってこない現象**を指します。何か思い出したいとき、前頭葉は記憶が保存されているさまざまな脳内の領域に答えを要求するのですが、それに答えが返ってこないという状態です。

ど忘れしている本人は、何かのきっかけで確実に思い出せることを知っています。ど忘れが加齢による自然な現象で、病的なものでなければ、ヒントを与えられれば、それをきっかけに思い出せるのです。たとえば、最近あまり出演していない歌手が、懐メロ特集のテレビ番組に出演したとします。このとき、歌手の顔や流れる曲を見ただけでは名前を思い出せなくても、名前を3択で告げられれば、迷うことなく即答できるはずです。

●「ど忘れ」と「ひらめき」の共通点

英国の天才物理学者ロジャー・ペンローズ博士は、「創造することと思い出すことは似ている」と主張しました。実際、あるテーマ（題目）の答えを、うなりながら考え、ひらめきを生み出そうとする作業と、しばらく思い出すことがなかった昔の歌手の名前を必死に思い出そうとする作業は、類似した脳の出力メカニズムです。

ただし、両者には決定的な違いもあります。脳内に蓄積されている膨大な量のノウハウや知識を手掛かりにまったく新しいものを生み出すことがひらめきであり、何が出力されるか予測がつきません。一方、ど忘れは、すでに保存されている特定の事実を、単純に引っ張り出してくるだけです。

私にとって、**たびたび訪れるど忘れの現象は、とても楽しい時間**です。なぜなら、そのとき私の頭がとても活性化していることを実感できるからです。ちょうど、来週の授業のテーマを思索して、最適なテーマを決定する作業とよく似ています。

連想ゲームは、物事を発想するうえで格好のトレーニングです。脳内で連想して何かを出力する作業は、創造性を高めてくれる格好のトレーニングなのです。

この章と**第6章**で主に紹介するいくつかの発想トレーニングを日常生活に取り込めば、あなたの発想力は着実に高まり、斬新な発想が次々と出力されるはずです。

5-3 アイデアを思いつきに終わらせない「10の心得」

発想の達人になりたかったら、自分が抱えているテーマを常に頭の中に入れておき、すきま時間を活用して、頻繁に思索を積み重ねることです。

思索はその気になれば24時間、たとえ睡眠中でも可能です。**1つのテーマを100時間、突き詰めて考え続けることで、やっと有益で使える発想が1つ浮かび上がってくる**——発想とはそんなものなのです。

ノートと鉛筆さえあれば、発想はどこでも、いつでもできます。テーマをひたすら考え続けて思いついたアイデアは、ノート（できれば専用のアイデアノート）に記入していきましょう。もちろん、思いついたことを手当たり次第、スマホなどに入力しても構いません。

ここでは、つまらないアイデアだなと思っても、捨てずに書き出すことが大事です。なぜなら、そのつまらないと思ったアイデアの中に「ダイヤモンドの原石」が潜んでいるかもしれないからです。また、この習慣を身につけると、発想を出力しやすい脳に変化します。

元Ｐ＆Ｇグループ副社長のジョン・オキーフ氏は、著書『「型」を破って成功する』（TBSブリタニカ、1999年）の中で、**常識を破るアイデアを単なる思いつきに終わらせないための10の心得**を記しています（**右ページ**参照）。

「壊す」「疑う」「奇想天外」「突飛」「群れない」といった言葉は、一流が持つ資質です。もはや常識はあらゆる分野で通用しないのです。

常識を破るアイデアを 単なる思いつきに終わらせないための10の心得

1. 日頃から常識にとらわれない発想を習慣づける
2. 目標も常識に制約されないようにする
3. そもそもその問題に対処すべきかを問う
4. 暗黙知をもっている人に常識を捨てさせる
5. 常識の限界を見極める
6. マンネリから抜け出す
7. 過去の成功にとらわれない
8. 「型」にはまるほうがリスクは高い
9. できそこないのアイデアでも土台にはなる
10. アイデアは寝かせる

思いつきは玉石混交。何がアイデアに結びつくかわからないので、捨てないでストックしておく

「セルフ・ブレイン・ストーミング」の技術を身につける

ブレイン・ストーミング（BS）について解説しておきましょう。多くの企業は、この手法によって発想を生み出しており、現在でも十分に使える有力な発想法です。ブレイン・ストーミングには主に以下の4つのルールがあります。

1. 他人の出したアイデアを批判しない
2. 自由奔放にアイデアを出すことが最優先
3. とにかく量をこなす
4. 最終的にそれらを組み合わせて改善する

ブレイン・ストーミングは自分1人でもできます。それが**セルフ・ブレイン・ストーミング（SBS）**です。１人なら時間も場所も選びません。しかも遠慮がないので、斬新なアイデアが出やすい傾向があります。

まず、**右ページ**の用紙をコピーしたら、5分間かけて3つのアイデアを出します。次に時間と場所を変えて、新たに3つのアイデアを5分間かけて出します。これを、すきま時間の活用などで1日に6回行います。この用紙を使ってアイデアを出すことで、あなたは18個のアイデアを獲得できるのです。**時間と場所を変えることで新たな環境がつくり出されるので、それが刺激となって新しい発想が生まれやすい**のです。

この用紙の原型は、ドイツの経営コンサルタントのホリゲルが**635法**のために開発しました。635法は、6人がそれぞれ3つずつのアイデアを5分間で考え、隣の人に順次、用紙を回していくという発想法です。前の人のアイデアをヒントに新たなアイデアを発想することができるという特徴があります。

図表5-1　セルフ・ブレイン・ストーミング（SBS）専用用紙

日　付　＿＿年＿＿月＿＿日

テーマ　＿＿＿＿＿＿＿＿＿＿＿＿

	A	B	C
1			
2			
3			
4			
5			
6			

もともとは6人で3つずつアイデアを出すための用紙だが、場所や時間を変えながら1人でアイデアを出すために使っても効果的だ

5 「セレンディピティ」がひらめきのきっかけになる

セレンディピティ（serendipity）は、天才ととても深い関係があります。セレンディピティとは、18世紀に英国の政治家・小説家ホーレス・ウォルポールがつくった言葉で、「**偶然や聡明さによって、予期しなかった幸運に巡り逢うこと**」という意味です。彼は「スリランカの3人の王子」という童話を書きました。その内容は以下の通りです。

旅の途中だった3人の王子が、ペルシャの都の近くまで来たとき、ラクダに逃げられて落胆しているラクダ引きの男に出会います。ラクダ引きの男は3人の王子に、「途中でラクダを見なかったか？」と尋ねます。すると3人の王子は不思議な話をし始めます。

第1王子は「それは片目のラクダかい？」と質問しました。

第2王子は「おまえのラクダは歯が1本抜けている」といいました。

第3王子は「そのラクダは片足を引きずっていただろう」といいました。

王子たちのいうことがあまりに正確だったので、ラクダ引きの男は、3人の王子がラクダを盗んだと思い、訴えます。

当時の皇帝は、3人の王子を泥棒と判断して捕まえるのですが、ラクダが見つかったので無罪放免となります。皇帝は3人の王子に「なぜ、見もしないラクダの特徴がわかったのか？」と質問しました。すると、3人はこう答えました。

第1王子「道端の草は、左側だけしか食べられていなかったので、ラクダの右目は見えないのだと思いました」

第2王子「草の噛み跡で、ラクダの歯が抜けていることがわかりました」

第3王子「片足を引きずった跡があったからです」

3人の王子は草の特徴をたまたま記憶していて、その記憶から推理したのですが、この偶然が真実を導き出したわけです。

ウォルポールは、偶然が大発見の手掛かりになることがあるということをこの童話で表現したのです。

これを仕事や勉強にあてはめるとどうなるでしょう？　解決すべきテーマは、**答えがすぐに見つからなくても考え続け、辛抱強くひらめきを待つことが重要**なのです。

どんな知識が「福」を呼ぶかわからない

もし、3人の王子に優れた観察力と記憶力がなかったら、このような偶然は起こり得なかっただろう

5-6 準備万端なら脳内での「化学反応」がひらめきを生む

ひらめきは、ある日突然舞い降りてくることがありますが、**準備が整っていない人には決して降りてきません**。

たとえば、ドイツの金細工師だったヨハネス・グーテンベルクは近代印刷術の祖といわれますが、彼が**活版印刷機**をひらめいたのは、ぶどうの収穫時期に、ワインをつくるぶどう圧縮機の動きを友人と一緒に見たことがきっかけです。ぶどう圧縮機でぶどうが絞られているとき、プレス機の部分に刻印が残りました。これを見て、「ネジ方式で上から押圧(おうあつ)する」という仕組みが彼の頭の中にひらめき、大量に複製できる活版印刷機が発明されたのです。

また、**レジスター**、**芝刈機**なども、このような「偶然」によって生まれています。レジスターは、あるレストランの経営者が船で航海中、動力室にあった「プロペラ回転数を計測する機械」を見たからです。それを見た瞬間に彼の頭には、自分が経営するレストランの「お金を数える機械」のアイデアがひらめいたのです。

被服工場に勤めていた芝刈機の発明者は、大きな鎌で芝を刈る作業の面倒さをなんとか軽減したいと考えていました。あるとき発明者は、服の表面の毛羽立ちを滑らかにするローラーに取り付けられた2つの回転する刃を目にしました。この瞬間にひらめきが舞い降り、長い刃と2つの車輪がついた機械に長いシャフトをつけて、かがまなくても芝を刈れる機械を発明できたのです。

このように多くの大発明は、発明者が問題を考え抜き、脳がさまざまな思考を重ねたとき、周囲に満ちあふれている異分野の情報と組み合わさり、一見、まったく関連のないシーンの画像としてひらめくのです。これは**組み合わせ偶発思考**と呼んでもいいでしょう。

では、創造力を発揮する人たちと一般の人たちの違いは何でしょうか？　**図表5-2**は、オレゴン大学（米国）のジェラルド・アルバウム博士が、発明家と一般人の性格的な違いを比較するため、103名の発明家と75名の一般人に行ったアンケート調査の結果です。上の3つの要素が両者の違いを際立てています。発明家は**「チームで何かをするよりも、1人で何かをするほうが好き」「視覚イメージで物事を考えるタイプ」**で**「自分のことをクリエイティブ（創造的）だと思っている」**ことがわかります。

図表5-2　独立発明家と一般人の性格の違い

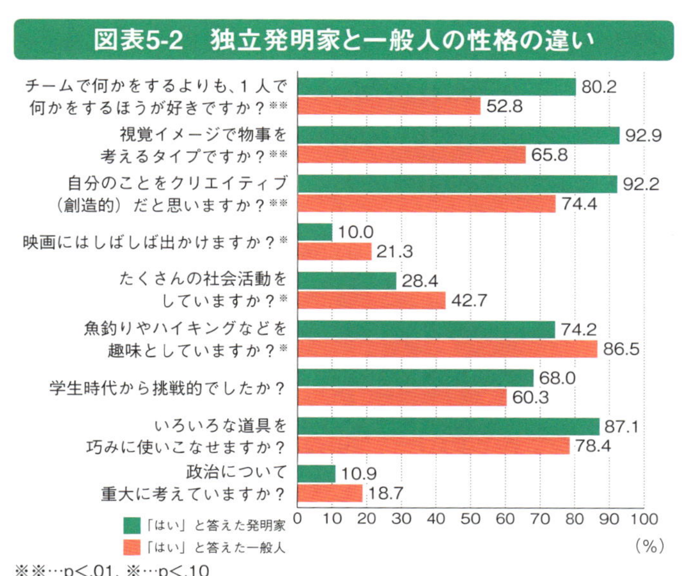

※※…p<.01, ※…p<.10
※p<.01は、「確率が1%未満」であることを意味する。「この差が単なる偶然で生じた差（誤差）でしかない危険率が1%未満」ということ。p<.10は、同様に「確率が10%未満」であることを意味する。「この差が単なる偶然で生じた差（誤差）でしかない危険率が10%未満」ということ。
出典：Albaum, G. 1976 Psychological Reports 39, 175-179.

5-7 「視覚化」が夢を実現させる

視覚化はひらめきと深い関連があります。スポーツ心理学では**イメージトレーニング**といいます。ひらめきは、文字や数字で出力されることはありません。

本来、生き物の脳はアナログなので、そもそも画像で出力します。その証拠に、**文字や数字を理解できるのは人の脳だけですし、この能力もせいぜい数千年の間に人類が身につけた技術**です。

視覚化にまつわるエピソードは数え切れません。たとえば、ウォルト・ディズニーは、ディズニーランド（カリフォルニア州）が完成する何年も前から、家族向けのテーマパークのイメージを頭の中に強く刻み込んでいました。そして、そのイメージを1955年に現実のものとしたのです。彼は、その後に建設されたウォルト・ディズニー・ワールド・リゾート（フロリダ州）の完成を見ないまま、1966年にこの世を去りました。ウォルト・ディズニー・ワールド・リゾートがオープンした日、彼の妻が招待され、記者団がこういう質問をしました。

「ご主人がこの場にいたら、本当によかったですね」

そのときウォルト・ディズニーの妻はこう答えたのです。

「いいえ、彼はすでにこの光景をずっと前に見ていたのです」

ウォルト・ディズニーは存命中、すでに実際のウォルト・ディズニー・ワールド・リゾートを鮮明にイメージしていたのです。

視覚化の力とは?

頭の中に描いたことは、物理的に不可能なことでなければ、ほとんど達成可能だ。脳内に記憶された好ましいイメージは、あなたが望むゴールにたどりつくためのプログラムを作成してくれる。しかし、視覚化されていない夢は絶対に達成できない

5-8 「過去最高のシーン」を何度もイメージする

一流の人は、すでに頭の中で完成したイメージを鮮明に視覚化しています。このイメージが鮮明であるほど、実現する確率は高いのです。私はプロゴルファーのメンタル・カウンセラーを20年以上も務めていますが、彼らには「あなたが優勝トロフィーを高々と掲げているシーンを繰り返しイメージしなさい。それがあなたを優勝へと導いてくれるのです」と強調しています。ゴールを鮮明にイメージとして描く努力を続けないかぎり、いくら努力しても絵に描いたもちにすぎないのです。

脳は、鮮明に措いた画像と実際に起こったことを区別できません。視覚化は断片的でもいいのです。それはあなたが映画を観る作業に似ています。自然に任せて、浮かび上がってくるシーンを脳内に描くのです。

視覚化はいつでも、どこでもできます。すきま時間を活用して、電車やバスの移動時間、人と待ち合わせている時間、スーパーのレジやATMでの待ち時間などを活用して、最低でも1日に10回以上は、視覚化の時間を確保しましょう。

視覚化は、成し遂げたいゴールのイメージだけでなく、**過去の成功体験**でもかまいません。

敏腕営業パーソンは、過去に成功した顧客向けのプレゼンテーションの記憶を、繰り返し頭の中によみがえらせることができます。だから、多くの新規顧客と新たな契約を結ぶことができます。あるいは、敏腕弁護士は、過去に勝訴した裁判の記録を自由自在に頭の中で画像として再生できるから、次の裁判でも勝利を収めることができるのです。

常にイメージしたい2つのこと

視覚化とともに、「私は必ず夢を叶える」と繰り返し唱え続けるのも重要。視覚化を強化するからだ。こうすることで、より強烈な行動力を生み出せる。一流の外科医やパイロットも、過去の体験を見事に視覚化できるから、すばらしい仕事をやり遂げることができる。過去にあなたが成功した具体的な体験を、脳のスクリーンに映し出す作業に夢中になってほしい

Column5

「豊かな環境」が創造力を発揮させる

創造力を発揮させる要因の一つは、**豊かな環境**を設定することです。2015年まで私が準レギャラーとして出演していた『ホンマでっか!? TV』(フジテレビ系列)で共演したことのある脳科学者、澤口俊之博士は、「脳のパワーは遺伝的な要素が60%、環境が40%である」と主張しています。

このことについて、こんな実験があります。

遺伝的にまったく同じネズミを、「豊かな環境」と「貧しい環境」に分けて飼育しました。豊かな環境とは、広いカゴの中に10匹ほどまとめて飼育し、輪回しやハシゴなどの遊具を入れてある環境です。

一方、貧しい環境とは、狭いカゴの中に1匹だけで飼育し、遊具はまったくなく、ただエサを与えるだけの環境です。貧しい環境のネズミは、当然のことながら豊かな環境のネズミに比べて圧倒的に少ない運動量でした。

この条件で、一定期間飼育した後、大脳の発達の程度を調べたり、知能テストをしたりした結果、**豊かな環境で飼育したネズミのほうが、そうでないネズミよりも明らかに優秀な成績**を示しました。

これは人にもまったく通用します。幼少期にさまざまな遊具で遊んだり、スポーツに親しんだりすることで右脳が鍛えられていれば自然に創造力がはぐくまれ、6歳で小学校に入学後、左脳で記憶することが多くなる学習環境下においても、効率良く学習していけるのです。

ひらめきを形にする技術

6-1 「フォスベリーの背面跳び」から学ぶ

スポーツ界における革命的な進化の典型例は、走り高跳びの**背面跳び**でしょう。今でこそ、すべてのオリンピック選手が背面跳びを採用していますが、半世紀以上前は、うつ伏せでお腹をバーに向けて飛ぶ**ベリーロール**が主流でした。しかし、1968年に開催されたメキシコオリンピックで、ディック・フォスベリー（米国）が、自ら発明した背面跳びで見事に金メダルを獲得したのです。

フォスベリーがいかにして背面跳びを発明したか、その歴史を簡単にひも解いてみましょう。実はベリーロールが開発される前は、**挟み跳び**が主流でした。フォスベリーが走り幅跳びを本格的に始めたのは10歳のときでしたが、当時の子どもたちは挟み跳びで跳んでいました。しかし、この跳び方はエネルギーを跳躍力に転換する効率が悪く、時代遅れになっていました。やがて、体育の教師はベリーロールで飛ぶように指導するようになりましたが、フォスベリーだけはかたくなに挟み跳びで跳び続けたのです。

高校に進学したフォスベリーは、ベリーロールを試みるも記録は伸びず、コーチに挟み跳びに戻したいと伝えました。そこから改善が始まります。挟み跳びの決定的な欠点は、お尻がバーに当たることでした。そこでフォスベリーは、ただひたすらお尻を上げる練習に打ち込んだのです。すると肩が自然に下がり、お尻と同じ高さになることに気がつきました。しかも記録は着実に伸びていきました。

そして最終的に、バーに対して体の側面を向けて踏み切り、空中で仰向けになり、まず腰を突き上げてお尻がバーに当たらないようにし、お尻がバーを通過する瞬間、足を上げてバーを飛び

越えるという**背面跳びを完成させた**のです。

　このエピソードから私たちが学べることは何でしょうか？　ただ革新的で突飛な発想を求めるだけでは、ただの気晴らしにすぎないという事実です。**実際に使えるひらめきを獲得するには、常識をすべて葬り去って、地道に小さな改善を繰り返すことが大切**なのです。背面跳びに代表されるように、この姿勢が実用的な発想を生み出してくれます。しっかりと地に足をつけて日々改善を繰り返すことが、偉大な発明を生み出すのです。

「偶然」から生まれた背面跳び

背面跳びは、挟み跳びの究極の発展形ともいえる。ベリーロールにこだわっていたら背面跳びは生まれなかったかもしれない

6-2 脳を解放すれば「ひらめき」が生まれる

仕事や勉強で創造性を発揮したいのなら、いったんこれまでの知識を潔く捨て去り、真っ白な状態でテーマを突き詰めましょう。この姿勢は、少なくとも創造性を発揮するのに役立ちます。スリム化は、何もダイエットだけで要求されるわけではありません。ひらめきにも**知識のスリム化**が要求されるのです。

この事実を証明する実験結果が実際にあります。米国のある大学で、ビデオの教材を用いた実験が行われました。学生をＡとＢの2グループに分けて、グループＡには以下の説明資料を、グループBには**アンダーラインを引いた文章を削除して配布**しました。学生に配られた説明資料にはこう書かれていました。

「第1部ではビデオを30分間流します。いくつかの物理の基本概念を示すビデオです。第2部では物理についての質問票を配布しますので、それに回答してください。ビデオでは物理についてのいくつかある見方のうちの1つだけを紹介しますが、これは役に立つかもしれないし、立たないかもしれません。問題に答えるときに使いたいと思うなら、他の方法や見方を自由に使っても結構です」

結果はどうだったでしょうか？　創造的な回答をしたのはグループＡでした。アンダーラインを引いた文章の部分を削除した説明資料を示されたグループＢは、自由な発想をしてはならないとは書かれていなかったにもかかわらず、ビデオで学んだ知識だけを用いた創造性の乏しい回答をしたのです。つまり、**常識や思**

い込みが幅を利かせると、発想やひらめきが片隅に追いやられやすいのです。

それでは、ひらめきを発揮してあなたの未来を予想するトレーニングをしましょう。あなたの10年後、あるいは人類の生活の100年後を、右脳を駆使して予想してください。視覚化のテクニックを駆使して、絵と文字で表現しましょう（図表6-1）。大切なのは、正しく予知することではありません。右脳を働かせて未来を予想する作業こそが大事なのです。

自由自在に思索にふける時間をもっと設けましょう。そうすることで発想力は鋭くなるのです。

図表6-1　近い未来と遠い未来を予想する

	自分の姿	そのイラスト
3年後		
5年後		
10年後		

	世界の姿	そのイラスト
10年後		
50年後		
100年後		

自分の姿と世界全体がどうなっているかについて自由に想像をめぐらせ、まずは文章で書いてみてから、それをできるだけくわしく、具体的にイラスト化してみる

6-3 「気晴らし」の時間を大切にする

多くの偉大な創造者は、実験室や机の前ではなく**気晴らしの瞬間に、人類にとって貴重な発見**をしています。

たとえば、数学者のアンリ・ポアンカレは、自室に閉じこもって毎日1～2時間、フックス関数と名付けた関数に類似の関数は存在し得ない、ということを証明しようと努力していたのですが、まったく成果を得られませんでした。ところが、いつもコーヒーに入れているミルクをたまたま入れないで飲んだところ、目がさえ、いろいろな考えが頭を巡り、ある証明を成し遂げたのです。

また、ポアンカレは、気まぐれに旅行に出かけ、乗合馬車に乗ろうと踏み台に足をかけた瞬間、驚くべき解決策がひらめいたこともありました。このとき、数学の仕事のことはまったく考えていなかったと『科学と方法』(ポアンカレ/著、岩波書店、1953年)に記されています。

アインシュタインは、ひたすら研究室に閉じこもって、相対性理論を確立するための思索を重ねていました。しかし、なかなか前に進まず疲れ果て、偶然レマン湖(スイスおよびフランス)にヨットを浮かべてぼんやりしているとき、理論についての貴重なひらめきが浮かび上がったといいます。

金の王冠に混ぜ物がしてあることを証明したといわれるアルキメデスは、お風呂で計測方法がひらめき、その瞬間「ユーリカ!(わかった!)」と叫んだといわれますが、お風呂にはそれまでも何度も入っていたはずです。

彼らに共通しているのは、**思索を重ねたあとの気晴らしのときに偉大なひらめきが浮かびあがっている**ことです。思索の合間に気晴らしを挟むと、**偶然ですが必然的に最後の1本のネットワークがつながって、脳がひらめきやすくなる**のです。

私が提唱する、50種類の気晴らしの方法を**図表6-2**に示します。今まで体験したことのなかった気晴らしを、ここから選んで実行してみましょう。慣れているものではなく、新しいものにチャレンジすることに意味があるのです。

また、仕事で行き詰まったら、その日の仕事はきっぱりやめて、180°違う行動をとることもお勧めです。このとき、メモ用紙とペンだけはくれぐれも忘れないようにしてください。

図表6-2　50種類の気晴らし例

1 お笑い番組を見る
2 フィットネスクラブへ行く
3 バーベキューパーティを開く
4 日記をつける
5 銭湯に行く
6 プラモデルをつくる
7 競馬を楽しむ
8 料理をつくる
9 将棋や囲碁を始める
10 早足で公園を歩く
11 高層ビルの屋上に昇る
12 サイクリングを楽しむ
13 フリスビーを楽しむ
14 ボランティアをする
15 博物館に行く
16 釣りに出かける
17 抹茶を楽しむ
18 ゴルフ練習場へ行く
19 ボウリングを楽しむ
20 ジョギングをする
21 絵を描く
22 テニスをする
23 ラジコン飛行機を飛ばす
24 インテリアを替える
25 書店を訪れる
26 けん玉を日課にする
27 セミナーに参加する
28 違ったジャンルの本を読む
29 キャッチボールをする
30 ヨットを習う
31 デジカメに凝る
32 神社仏閣を訪れる
33 バドミントンを楽しむ
34 ゲームセンターに行く
35 新しいレストランを開拓する
36 バードウォッチングを楽しむ
37 コンサートに出かける
38 美術館に行く
39 ガーデニングを楽しむ
40 ワインを楽しむ
41 日曜大工をする
42 海を見に行く
43 合唱団に入る
44 俳句や短歌を習得する
45 英語以外の語学を習得する
46 ダンスを習う
47 乗馬を習う
48 楽器を習う
49 温泉に行く
50 ジャズを聴く

このような気晴らしはストレス解消法にもなる。「コーピング」といわれるもので、科学的な裏付けも多数ある

「アンラーン(unlearn)」を心がける

去年70歳になった私が学生だったころと同様に、日本の子どもたち、若者の多くは受験勉強に明け暮れています。就職においても、いまだに偏差値の高い有名大学を卒業するのが有利であることは、周知の事実です。

「もはや日本は学歴社会ではない。実力主義である」といった見出しは、新聞や雑誌、書籍などさまざまなメディアで見られますが、そんな見出しがおどること自体、学歴社会が依然として存在している証拠なのです。

このシステムが日本の若者から創造性を遠ざけていると感じるのは私だけでしょうか？

知識偏重主義が幅を利かせれば利かせるほど、ひらめきや直感という、脳が持っている本来のすごい力が隅に追いやられてしまいます。**知識を詰め込めば詰め込むほど、ひらめきや直感は引っ込んでしまいます**。

欧米では、「**アンラーン(unlearn)**」という言葉を頻繁に耳にします。日本語に訳せば「**脱学習**」となります。この言葉の意味は「学ばない」ということではありません。「**これまでの古い知識を潔く捨て去る**」ということです。これにより、創造性を働かせた、新しいひらめきを期待できるのです。

相対性理論を打ち立てたアインシュタインは、ある記者から「光の速度はどれくらいですか？」と質問されたとき、「私にはわからない。辞書で調べてほしい」といい放ったそうです。相対性理論についての思索には、光の具体的な速度は不必要であるばかりか、思索に害をおよぼすと考えていたのです。

大人は「アンラーン」する

日本の教育のほとんどは「教」で、「育」は軽視されている。「unlearn」は「学ばない」という意味ではなく、「学び直す、意識的に忘れる、悪い習慣をやめる」という意味である。学習すればするほど知識が脳内を埋め尽くして、創造性や直感力を働かせる領域が狭められてしまうことがあるからだ

6-5 「テーマ」を決めて「ひらめき」を待つ

脳は、複数の画像を自由自在に合成したりアレンジすることに長けている臓器です。一流の人の脳内では、複数の画像を自由自在に合成したり、分離したりする作業が、いとも簡単に行われています。これは普段、私たちが何気なく行っている勉強とは対極の作業です。

受験勉強に代表されるように、私たちは情報を入力して、そのまま忠実に記憶することに多大な時間を費やしてきました。それが脳の主要、かつ得意な機能であると、私たちは錯覚してしまっています。

しかし、それは本来、脳にとっては比較的低次な機能であり、脳が得意とする作業ではありません。**脳に保存したおびただしい画像を頻繁に出し入れしながら、それらを合成する作業を習慣化させれば、脳はひらめきを量産**してくれます。

ひらめきを生み出すときに、1つだけ留意することがあります。それは**テーマを定めてからこの作業をすること**です。漫然とこの作業を行っても、創造性のあるものを生み出すことは不可能で、使い物になりません。

図表6-3は私が開発した**アイデアメモ**です。この用紙は全部で8つのアイデアを記入できるように工夫されています。真ん中の枠に**テーマ**を記入しましょう。

あなたにとっての懸案事項であるテーマを頭の中に叩き込んでおき、何かが思い浮かんだら、前もってコピーしてあったこの用紙をバッグや机の引き出しから取り出して、周囲の枠にそのアイデアを記入するのです。

図表6-3　アイデアメモ

テーマに沿ったひらめきを生み出す習慣を身につけて、脳内に蓄積された画像を、自由自在に合成する作業を繰り返すことで、仕事に有益なひらめきをたくさん生み出せる脳になる

6 歴史上の偉大な発明の「きっかけ」とは？

ここでは、歴史上の偉大な発明のきっかけについて、3つの例を示しましょう。

●ポスト・イット

大手化学メーカーである3M（米国）の研究者、スペンサー・シルバー氏が開発した接着剤は、何に貼りつけても簡単にはがれてしまう「失敗作」でした。ところが、同僚であるアーサー・フライ氏が、「教会で賛美歌を歌うとき、挟み込んでいた紙が落ちてしまうことにイライラする」という話を聞きます。これにより、「失敗作」の弱い接着度は、**一時的に紙に貼りつけるのに最適**であることがわかりました。この「失敗作」は1977年、「ポスト・イット」として製品化されます。この発明は、何気ない他人の不満と「失敗作」という、一見、まったく関連のないものを脳が組み合わせた産物といえるのです。

●インスタントカメラ

ポラロイド社（米国）の創業者であるエドウィン・ランド氏は、家族とともに休日を過ごしていましたが、3歳の娘が「どうしたら（撮影した）写真をすぐに見られるの？」とランド氏に質問しました。ランド氏は、フィルムを現像しなければ見られないことを一所懸命に説明しましたが、娘は納得しません。

そのとき、ランド氏の脳裏に「**現像しなくてもよいカメラ**を開発しよう」という、常識を取り払った発想がひらめいたのです。これにより1944年、撮ったらすぐに見られる「ポラロイドカメラ」

が発売されました。発明のきっかけは日常生活の中にあったのです。

●脱離イオン化法

2002年にノーベル化学賞を受賞した田中耕一氏は、生体高分子（タンパク質など）の質量分析をするため、試行錯誤を繰り返していました。あるとき、コバルトの超微粉末を、アセトンの溶媒に溶かして使うところを、間違ってグリセリンに溶かしてしまいます。ところがそのとき、田中氏は「何かに使えるかもしれない。捨てるのはもったいない」と思い、間違ってつくってしまった試料を実験に使いました。すると、この「失敗材料」で、タンパク質の質量をきれいに測定できることがわかり、**脱離イオン化法**を開発できたのです。

狙って生まれたわけではない偉大な発明もある

発明は偶然の出来事や思わぬひらめきなどがきっかけで生まれることが多い。5-5で述べたセレンディピティである

Column6

歴史上最高の天才は誰？

天才の研究で知られるトニー・ブザンは、さまざまな観点から歴史上の天才をランキングしています。そのトップ10の2位以下を下記に示します。

第2位　シェークスピア
第3位　大ピラミッド建設者
第4位　ゲーテ
第5位　ミケランジェロ
第6位　ニュートン
第7位　ジェファーソン
第8位　アレクサンダー大王
第9位　フィディアス（アテネの建築家）
第10位　アインシュタイン

そして見事、第1位に輝いたのがレオナルド・ダ・ヴィンチです。ダ・ヴィンチ研究の第一人者であるマイケル・ゲルブは「ダ・ヴィンチ7つの法則」を挙げています。それらは以下のとおりです。

1. 好奇心
2. 検証
3. 感覚
4. ぼかし
5. 全脳思考
6. 身体
7. 関連

4の「ぼかし」は曖昧さや矛盾を受け入れることで、7の「関連」は、すべての事象はつながっているという意識を持つことです。外界をありのままに受け入れて、自然発生的にアイデアや直感を浮かび上がらせることが、偉大な発明・発見につながるのです。

第7章 子どもを一流に育てる秘訣

「柔軟性」に満ちあふれた脳は だんだん「硬直化」していく

1-8で述べたように脳はアナログなので、本来、イメージの処理は得意ですが、文字や数字の処理には向いていません。文字や数字の処理は人類だけが必要に迫られて身につけた、新しく、そして苦手な作業です。

一般的に、小学校に入学するまでの子どもの脳は、画像を把握したり、描いたりすることに終始しますから、**脳が持つ本来の創造性を素直に発揮している**といえます。

ところが、小学校に入った途端、脳は洪水のように押し寄せる文字や数字といったデジタルな処理に忙殺されます。

その結果、どうなるでしょうか？

落書き帳にクレヨンや鉛筆で自由自在に絵を描いていた柔軟性に満ちあふれた幼児のころの脳は、硬直化し始めるのです。

もう少しわかりやすく説明しましょう。「3＋4＝？」の答えは7であり、それ以外の答えは存在しません。一方、「？＋？＝7」の答えは無数に存在します。

文字や数字は、ものごとを理解したり、マニュアルといった、私たちが真実を認識するための道具として、とても便利です。一方で、私たちが本来生まれたときに保持していた柔軟性のある創造性を遠ざけているのも事実なのです。

日本では、まだまだ記憶力を試す解答が1つしかない入試問題が多数派を占めますが、欧米では創造力や発想力が試される入試問題が主流です。文字や数字ではなく、絵や写真といった、**画像で思考する習慣を普段から身につけることで、脳の柔軟性が発揮される**のです。

学校に通うことで自由な発想を失うこともある

小学校で学ぶことはとても大切な内容だが、文字と数字に圧倒されて創造力を失ってしまう子どももいる

7-2 子どもの創造力は「強制されると落ちる」

ブランディス大学(米国)の心理学者、テレサ・アマビル博士は、7歳から11歳までの女の子を対象に、紙切れを組み合わせてユニークなデザインの作品をつくる課題を与えました。その結果、「**競争をあおると、かえって創造力が落ちる**」という事実が判明したのです。「ほかの子に負けるな！」と、ハッパをかけられた女の子の作品は、オリジナリティに欠けていたからです。

デビュー以来、29連勝という新記録を打ち立てた将棋の藤井聡太(ふじいそうた)棋士が注目を集めています。父親の藤井正史氏は、4歳になった藤井棋士に、スイスの木製おもちゃ「キュボロ」を買い与えました。ビー玉の道を立体的につくって転がす、大人がやっても難しいおもちゃです。

これが彼の創造力を育み、結果的にそれが将棋の才能を開花させた一助になったと私は考えています。キュボロに長時間集中し続けている藤井棋士を見ながら、ご両親は「何かにのめり込んでいるときはとめないようにしよう」と決めたそうです。**創造力は、やらされるのではなく、自発的に行うことにより発達**します。これが、学校における「やらされる勉強」との決定的な違いです。

また、イリノイ大学(米国)の心理学者、アンドレア・タイラー博士は、子どもたちの遊びを観察しました。緑のたくさんある地域で遊んでいるグループと、緑のきわめて少ない地域で遊んでいる子どもの2グループを比較した結果、創造力のある遊び(ごっこ遊び、即興でルールをつくる遊び、新しい遊び)をしていたのは、緑の多い地域の子どもたちが圧倒的に多かったことが判明しました。**緑の環境と創造性はとても相性がよい**のです。

強制で落ち、自発で伸びる創造力

無理やりやらされることについて創造力を発揮するのは難しいが、好きでやっていることであれば創造力を発揮して、どんどん上達していく。これは子どもに限らず、大人でもそうだろう

7-3 子どもの「創造性をはぐくむ」ことが最優先

米国の心理学者ワラックとコーガンは、子どもを以下の**4つのタイプ**に分け、大人になるまで追跡調査をしました。

① 知能が高く、創造性も高い
② 知能は高いが、創造性は低い
③ 知能は低いが、創造性は高い
④ 知能が低く、創造性も低い

もちろん、①のグループの子どもたちは天才になる可能性が高く、④のグループの子どもたちはそれが低かったのですが、注目すべきは、②と③のグループの子どもたちでした。②の「知能は高いが、創造性は低い」子どもたちは、大人になると普通の人になる確率が高いことが判明しました。一方、③の「知能は低いが、創造性は高い」子どもたちは、自分の得意分野で独創的な発見をする天才になりやすかったのです。知能は文字や数字を介して、創造性は画像を介して鍛えられます。もしも、あなたのお子さんが5歳以下なら、**積極的に画像を介して思考する機会**を与えてあげましょう。

カナダのウェスタン・オンタリオ大学における実験では、ビデオやスライドを使用して映像イメージで記憶させると、そうでない記憶と比較して記憶力が3倍も向上することが判明しました。**読み聞かせ**も有効です。特に4歳までは視覚よりも聴覚が敏感に反応するので、読み聞かせをすることによって脳内に物語の画像が浮かび上がり、子どもの創造性が高まるのです。

「神童」と呼ばれていたが……

知能が高くても創造性がないと、「はたち過ぎれば、ただの人」になる可能性が高い。逆に、多少知能が低くても、創造性の高い子どもは将来、得意分野で才能を発揮しやすい

7-4 子どもの「正しい褒め方」と「誤った褒め方」を知る

子どもを一流にしたければ、普段から頻繁に長所を知らせてあげましょう。私たちは、案外、自分や家族の長所に無頓着です。特に自分の子どもはそうです。両親に褒められることは、子どもに好ましい効果をもたらします。なぜなら、子どもに自信を与えて、潜在能力を引き出してくれるからです。

子どもの褒め方には、**正しい褒め方と誤った褒め方が存在**します。以下にそれぞれを示します。

正しい褒め方は**努力を褒めること**です。子どもの努力に焦点を当てて、がんばったことを精一杯褒めてあげましょう。たとえば、ピアノ教室に通っている子どもであれば、ピアノの発表会で、「本当に良くがんばったわね！」などと手放しで褒めてあげるのです。たとえピアノの演奏がうまくなかったとしても、がんばった行為そのものに注目して褒めてあげます。

誤った褒め方は**才能を褒めること**です。前述と同様にピアノの発表会なら、「さすが！　ピアノの演奏の才能があるわね！」などと褒めることです。一見、「子どもが自信をつけそうで効果的では？」と思えるかもしれません。確かに、この褒め方は、子どもがうまくいっているときは問題ないのですが、そこには落とし穴があるのです。

●才能を褒めると逆境に弱くなる

それは、子どもの才能ばかり褒めていると、子どもは自分の才能を手がかりにして自分を評価する習慣が身についてしまうという点です。そうすると、うまくいかなかったとき、「私には才能が

才能ではなく努力を褒める

● 才能を褒められている子

● 努力を褒められている子

才能は自分でコントロールできないが、努力ならコントロールできる。この自分で自分をコントロールできるという感覚を、小さいうちに身につけることができればしめたものである

ないからうまく弾けないんだ……」と考えてしまいます。才能の有無は自分ではどうしようもありませんから、自信喪失からなかなか立ち直れないのです。

一方、努力を褒められた子どもは、うまくできなかったとき、「まだ努力が足りないからうまく弾けないんだ……」と考えます。努力は自分次第でどうにでもなりますから、自信喪失にはつながりません。逆に、「もっとがんばろう……（そうすればうまくなる）」と考えて奮起するのです。

才能ではなく、努力することの大切さを教え込むことで、粘り強さが子どもに身につくのです。

知能研究の大家であるロバート・J.スターンバーグ博士は、

「高度な専門性を身につけられるかどうかの最大の決め手は、あらかじめ備わった固定的な能力にではなく、目的に即してどこまで能力を伸ばしていけるかにある」

と主張しています。

達成動機の研究の第一人者であるスタンフォード大学（米国）のキャロル・S.ドゥエック博士は、マインドセット（心のあり方）を**こちこちマインドセットとしなやかマインドセット**に分類しています。先のケースでいえば、才能に頼り切りの子どもはこちこちマインドセット、努力次第でどうにでもなると考える子どもはしなやかマインドセットの持ち主ということになります。

同じ状況でも、その人の解釈の仕方によって以降の行動が異なり、行動の違いは成果の違いを生み出します。図表7-1にドゥエック博士による励まし方の分類を示すので、ぜひ実践してください。

図表7-1　励まし方の分類

	「プロセス」をほめる（これを増やす!）	「才能」をほめる（これを減らす!）
幼児	「いい走りだったね!」	「足が速いんだね!」
	「がんばったね」	「頭がいいね」
	「お口を閉じてくれてありがとう」	「いい子だね」 「さすがお兄ちゃんだね」
	「上手に絵を描いたね!」	「絵の才能があるね!」
小学生以上	「よくがんばりました!」	「すごく頭がいいね!」
	「きみには簡単かな。もっと難しいのをやってみよう」	「これの才能があるね」
	「その問題に対する取り組み方がいいね」	「すごい。勉強しないでAの成績を取ったね」
その他 上記のどちらにもあてはまらないほめ言葉「すごい!」「やったね!」などは、マインドセットに影響するデータはないが、励みにはなる。		

出典：トレーシー・カチロー／著『最高の子育てベスト55』（ダイヤモンド社、2016年）

7-5 「語りかけ」「読み聞かせ」「質問」が脳の入出力機能を鍛える

「鉄は熱いうちに打て」ということわざがあります。私はそれをアレンジして「**脳は幼いうちに鍛えろ**」という言葉を、お子さんを持つ多くの両親に強調します。

たとえば、3歳までに両親から頻繁に語りかけられた子どもは、語りかけられなかった子どもよりも、明らかに語彙(ごい)力が優れていました。それどころか、IQも高かったのです。これは、それ以降の追跡調査により判明しています。

『最高の子育てベスト55』(ダイヤモンド社、2016年)を著した幼児教育に造詣が深いトレーシー・カチロー氏によると、**語りかけ**は、出産予定日の10週間前から効果があり、3歳までが勝負といいます。母親のお腹の中にいるときでも、語りかけは有効なのです。

読み聞かせは、1歳まででも何らかの効果があるといわれていますが、明らかに効果的なのは1歳以降です。1日に10～15分間でかまわないので、毎日、決められた時間に読み聞かせの時間を確保して習慣にしましょう。耳で聞いて脳に入った言葉は、絵と連動して脳を活性化させるのです。

2歳以降は**絵本を通して質問**しましょう。2歳の幼児は、すでに絵を見ながら親の質問に答える能力があります。しかし、ただの読み聞かせだけだと、脳の入力機能は鍛えられますが、出力機能を眠らせてしまいます。

●大人に話しかけるように話す

私の3歳の孫(男の子)は、『きかんしゃトーマス』のすべての仲

脳は幼いうちに鍛える

「語りかけ」と「読み聞かせ」は、子どもの脳を確実に鍛える

間の名前をいえます。また、自動車の絵が描かれたカードを見ただけで、50種類以上の自動車の名前を完璧に答えられます。大人から見ても紛らわしい「トラクター」「ロードローラー」「フォークリフト」「ホイールローダー」「クレーン車」を完璧に見分けて答えられます。

これは、私が頻繁に自動車の絵が描かれたカードを見せながら「これは？」という質問をして、答えさせたからです。最初は間違えてばかりでしたが、訂正してあげることで、すぐ完璧に答えられるようになりました。

このような習慣をつけると、**幼児の脳は何でもかんでも絵と言葉を連動させて記憶**します。

今では、知らない絵が描かれているカードを見ると、孫のほうから「これは？　これは？」と質問されます。何でも貪欲に記憶していく意欲がすごいのです。彼自身というよりも彼の脳が、まるでスポンジに水が吸収されるかのように、絵と連動して語彙をすごい速度で記憶していくのです。

これは、絵が描かれたカードだけでなく、あらゆる対象物に対して同じことがいえます。

また、「これは？」という孫の質問に答えるとき、私は「赤ちゃん言葉」ではなく、大人に語りかけるように話しかけます。たとえば、東海道新幹線の絵が描かれたカードなら、「これは新幹線だよ」ではなく、「これは2007年にデビューした東海道新幹線のN700系だよ。最高速度は285kmだよ」と。孫は見事にそれを記憶してくれます。

このように、画像だけでなく言葉の「シャワー」を与えることで、**「真っ白」な脳は効率よく外部からの情報を記憶できる能力を身につけて劇的に変わる**のです。

会話で「子ども扱い」しない

子どもの記憶力は驚異的なので、会話を通して好奇心をかき立てると、次々と新しい言葉を覚える。このとき、大人同士のように子どもと会話する。子どもは予想以上に大人の言葉を理解できるので効率がいいからだ

7-6 バイリンガルにするなら「7歳まで」が勝負

前述のトレーシー・カチロー氏は、「子どもの創造力を伸ばす9つの方法」を提唱しています。それらを図表7-2に示します。

双子の研究から、創造力は3分の1が遺伝、3分の2が努力によって左右されることがわかっています。つまり、**両親が子どもの適性と興味をしっかりと把握し、本人が興味を示し、なおかつ得意な分野を見つけてやり、鍛練を繰り返す**ことで天才に近づけるのです。

子どもの才能を伸ばすのに、早すぎるということはありません。たとえば、さまざまな研究結果から、7歳までの子どもはネイティブスピーカーとほぼ同じように第2言語を習得できます。言い換えれば、7歳以降になると、第2言語を学習するとき、何らかのハンディを背負うことになります。

もしも、**あなたのお子さんが7歳未満なら、英語の学習を本格的に始めることをお勧め**します。それ以降の年齢から始めるよりも効率的だからです。

また、『最高の子育てベスト55』の中では、バイリンガルの環境は子どもにプラスに働き、たとえば、「創造性が高い」と述べられています。4〜5歳児を対象にしたある実験では、「架空の花の絵」を描くように指示したところ、バイリンガルの環境にいる子どもは「凧（たこ）と花を組み合わせた絵」などを描いたのですが、そうでない環境にいる子どもは「花びらや葉っぱの欠けた花」などを描いて、明らかに創造力の点で劣っていた事実も報告されています。

単純に考えてもバイリンガルの子どもは、1つの言語だけを学習する子どもに比べて、脳を2倍、活性化できます。

図表7-2　子どもの創造力を伸ばす9つの方法

1. 興味を情熱に変えるように励ます。
2. 間違いを許し歓迎する。
3. 視覚芸術（絵画、写真など）、演劇、読書プログラムを受講させる。
4. 子どもの才能に気づいて、サポートする。
5. 成績よりも、学習した内容に興味を示す。
6. ひとつの問題に対して、複数の解決策を考えるようにうながす。
7. 解答を与えるよりも、解答を探すための「ツール」を与える。
8. 視覚的に考える見本を示す。たとえば家具の配置を換えたいときに、子どもと一緒にスケッチをする。
9. 新しい考え方をうながすために、たとえや比喩表現を使う。

出典：トレーシー・カチロー／著『最高の子育てベスト55』（ダイヤモンド社、2016年）

7-7 「α波」と「θ波」をコントロール下に置く

私の専門分野であるスポーツ心理学において、**脳波調節**は重要なテーマです。**α波**（アルファ）と**θ波**（シータ）は、天才の脳と深い関連があるのです。図表7-3に脳波の周波数と特徴を示します。

α波は、別名「ひらめきの脳波」と呼ばれており、直感やひらめきが生まれるときに現れます。周波数でいうと8Hzから14Hzを示します。特に9～11Hzは**ミッドα**と呼ばれ、天才たちの偉業を支えたひらめきは、この脳波が現れたときに出力されています。

θ波は、浅い眠りの夢を見ているときに出ています。周波数は4～7Hzです。最近の研究では、集中力が要求されるときにも、θ波が優勢になるといいます。この分野のスペシャリストである東京大学大学院の久恒辰博（ひさつねたつひろ）教授は、こう語っています。

「θ波がぐっと高まった瞬間、実は海馬の伝達回路がダイナミックに変わるんです。無数にある神経細胞は相互に連結していますが、θ波の出現で、より強く結束する形に変わる。専門的にいえばイオンの組成が変化します。シフトチェンジしてギアを上げるイメージ。それによって海馬は覚えるモードに大変身するのです」

久恒教授によると、記憶だけでなく運動においても、「これから集中して行おう」という、とっかかりのときに、θ波が優勢になるといいます。ただしそれは一瞬です。たとえば、これから立ち幅跳びでジャンプするという一瞬にθ波が出現し、跳び終わったときには消えているのです（杉原、海野、1976）。それでは、好ましいα波やθ波を出現させるにはどうすればいいのでしょう？　図表7-4にα波やθ波が優勢になる作業の一覧を示します。**単純にα波やθ波が出現する作業をたくさんすればいい**のです。あなた自身だけでなく、お子さんにもこのような作業をする機会を日常生活の中に組み込んでください。

図表7-3　さまざま脳波の特徴

脳波の種類	周波数帯域	特徴
δ(デルタ)波	1〜3Hz	ぐっすりと深い眠りに落ちているとき
θ(シータ)波	4〜7Hz	眠る直前のうつらうつらした、まどろんでいるとき
		禅や瞑想をしているとき
		創造性や記憶力を発揮しているとき
α(アルファ)波	8〜13Hz	リラックスして心身とも落ち着いている状態
		集中力や学習能力が高まっているとき
β(ベータ)波	14〜29Hz	完全に起きていて仕事や家事の日常生活時
		あれこれ考えているとき
		緊張や不安状態に陥ったとき

図表7-4　α波やθ波が出やすい行動例

・瞑想をしているとき
・就寝中に夢を見ているとき
・イメージを描いているとき
・クラシックやイージーリスニングの音楽を聴いているとき
・自然の中で鳥や虫の声を聴いているとき
・ヨガをしているとき
・ジョギングをしているとき
・深く思考をめぐらせているとき
・腹式呼吸をしているとき
・ゲームに夢中になっているとき

7-8 浮かび上がった発想はどんどん絵にして残す

ひらめきは絵(イメージ)によって生まれます。そしてそれが文字に変換されます。少なくとも小学校に入学する前の子どもたちの脳は、ほとんど絵で学習します。たとえば、幼稚園児はほとんどの時間を、お絵描きして過ごします。だからこの時期に右脳が劇的に鍛えられ、発達するのです。人生の中で、最も右脳が発達するのは5〜6歳のころという説もあるくらいです。

ところが、小学校に入学して文字や数字を介した学習が始まると、画像を介して学習する習慣は激減します。以降は大学を卒業するまで、延々と左脳を酷使する教育が続くため、ひらめきや発想を担う右脳のトレーニングは圧倒的に不足し、私たちから創造性を奪い取ってしまうのです。

そこで、小学校に入学したら(大人がやってもかまいません)、私が開発した**連想イメージトレーニング**をお勧めします。発想力を高めるのに有効な方法で、やり方も簡単です。図表7-5は**連想イメージ記入用紙**です。この用紙は、12個の発想を記入できるようになっています。このトレーニングでは、まず、日付、天気、そしてテーマ(題目)を記入しましょう。発想するときに留意すべきことは、**テーマに沿った発想を浮かび上がらせること**。なぜなら、脳は、テーマを入力することで活発に働き出す臓器だからです。ただし、**自然発生的に発想が浮かび上がるという感覚**を大事にしてください。

連想を働かせながら、脳裏に浮かび上がってきた絵をどんどん描いていきましょう。下手でもかまいません。大事なのは、**できるだけイメージに忠実な絵を描く**ことです。

図表7-5　連想イメージ記入用紙

日　付　20＿＿年＿＿月＿＿日　天気＿＿＿＿＿＿＿＿
テーマ（題目）＿＿＿＿＿＿＿＿＿＿＿＿＿＿＿＿

❶	❷	❸
❹	❺	❻
❼	❽	❾
❿	⓫	⓬

備考欄

最低でも1日に3回は、このトレーニングを行ってほしい。私は、大学での授業や本のテーマについての発想をするとき、この連想イメージ記入用紙を必ず使う。私の場合、20～30秒のペースで12個の絵を描く習慣を身につけている

7-9 子どもの脳の「特性」をチェックする

ひらめきを生み出すには、左脳よりも右脳を活性化させるのが近道です。「作家や数学の天才は、左脳を活性化したから天才になったのでは？」と、反論する人がいるかもしれません。しかし、彼らは右脳で、文字や数字以外の画像をイメージし、ひらめきを生み出したのです。もちろん、聴覚、触覚、嗅覚といった感覚器官も総動員して、ひらめきを生み出したはずです。その後、作家はそのひらめきを言語に、数学者は数字に変換させただけなのです。

fMRIの発達で、最近は脳のタイプを可視化できるようになりました。しかし、費用の点などで、まだまだ気軽にfMRIで脳のタイプを確認することはできません。

そこで、簡単に脳のタイプを推定できる図表7-6を紹介します。このチェック用紙で、あなたのお子さんが、**左脳が優勢なのか、右脳が優勢なのかをチェック**してみましょう。もちろん、あなた自身がチェックしてもかまいません。

子どもの脳のタイプを理解して、得意分野を伸ばせば、潜在能力を発揮しやすくなります。反対に、脳のタイプを理解することなく、不得意分野を無理やり鍛えようとすれば、やや大げさではありますが、人生の浪費になりかねません。本来持っている才能を眠らせてしまう可能性もあるのです。

藤井棋士も、2017年の世界卓球選手権で日本人として48年ぶりに銅メダルを獲得した平野美宇（ひらのみう）選手も、人生を通していちばん得意なことを徹底して鍛えたから現在があるのです。**ただ1つの分野だけを一貫して鍛え抜き、それ以外は人並みの脳でいい**というのが私の考えです。

図表7-6 右脳型か左脳型かチェックする

以下の質問に「はい」「いいえ」で答えてください。該当するほうを○で囲みましょう。

質問		
❶ 絵を描くことが好き	はい	いいえ
❷ カラフルな絵をよく見る	はい	いいえ
❸ アイデアを出すのが得意	はい	いいえ
❹ 整理整頓には自信がない	はい	いいえ
❺ 論理的思考が不得意	はい	いいえ
❻ 方向音痴ではない	はい	いいえ
❼ 時間感覚に敏感	はい	いいえ
❽ 記憶力には自信がある	はい	いいえ
❾ 本を読むとイメージがどんどんわく	はい	いいえ
❿ 左利きである	はい	いいえ
⓫ 国語より数学のほうが得意	はい	いいえ
⓬ 空想するのが好き	はい	いいえ
⓭ 天文学に興味がある	はい	いいえ
⓮ 自分の直感は鋭いと思う	はい	いいえ
⓯ 勘に頼って行動することが多い	はい	いいえ
⓰ 予定を立てないで旅行するのが好き	はい	いいえ
⓱ 金銭感覚には案外鈍感	はい	いいえ
⓲ 運動神経には自信がある	はい	いいえ
⓳ 自分はロマンチストである	はい	いいえ
⓴ 理屈立てて思考するのは不得意	はい	いいえ

「はい」の数	型	結果
「はい」の数が17以上	右脳偏重型	あなたは典型的な右脳人間です。
「はい」の数が13〜16	右脳優先型	あなたは右脳を優先する傾向があります。
「はい」の数が8〜12	バランス型	あなたは両方の大脳半球をバランスよく使っています。
「はい」の数が4〜7	左脳優先型	あなたは左脳を優先する傾向があります。
「はい」の数が3以下	左脳偏重型	あなたは典型的な左脳人間です。

7 10 「ゴールデンエイジ」の力を知る

ゴールデンエイジは9〜11歳といわれています。この時期の脳は、貪欲に技術を習得するのに最も適した時期と考えられています。一般的には、この時期を外すと——たとえばオリンピックのメダリストやプロスポーツ選手として——大成するのは難しいといわれています。

もちろん、ゴールデンエイジの前後も、卓越したスキルを習得するうえで大切な時期です。3〜8歳は**プレゴールデンエイジ**と呼ばれ、たとえば卓球選手として大成するには不可欠な時期です。この時期に反復練習を徹底することで、運動プログラムが効率よく脳内に記憶されるのです。

そして12〜14歳は**ポストゴールデンエイジ**と呼ばれ、実戦練習を積み重ねることにより、戦略や戦術についての能力が磨かれます。いわゆるキャリアを深める時期になります。

2006年に「数学のノーベル賞」ともいわれるフィールズ賞を受賞した数学者テレンス・タオほど、天才という言葉にふさわしい人はあまり見当たりません。

彼は7歳で高校の授業を受け、10歳のときに国際数学オリンピックで銅メダルを獲得し、史上最年少の12歳で金メダルを獲得しました。そして13歳で正式に大学生となり、21歳でカリフォルニア大学ロサンジェルス校の教授になったのです。

彼の才能を開花させたのは両親でした。幼少のころから書籍やおもちゃを与え、自分で遊ぶ習慣をつけさせました。父親のビリー氏は、「**自発的に学習する気持ちが、独創性と問題解決能力を育んだ**」と語っています。

図表　運動技能発達のピラミッド

ゴールデンエイジとその前後は、さまざまな技術を習得するのに最適な時期だ。子どもの才能を開花させたいのであれば、このタイミングを逃さないようにしよう　参考：ブラウン、1990

7-11 「負けず嫌い」であり続ける

天才は素質や環境だけでは生まれないと、私は考えています。天才は決してあきらめない人です。いくら先天的な才能に恵まれていても、あきらめの早い人は、とうてい天才にはなれません。職業としてのスポーツや囲碁、将棋のような、試合、対局の「勝敗がすべて」ともいえる分野で生きるには、**あきらめが悪く、負けず嫌いの人だけが、潜在能力を発揮できる**のです。

たとえば、藤井聡太棋士は「デビュー以来負けなしの公式戦29連勝」という鮮烈なデビューをしました。そんな彼は、子どものころ、とても負けず嫌いだったという、次のようなエピソードがあります。

2010年、藤井棋士がまだ小学2年生のころ。地元のイベントで、谷川浩司九段（十七世名人）に指導してもらったことがあります。飛車・角落ちのハンディをもらい、藤井棋士は健闘したのですが、劣勢で、敗色が濃厚になりました。このとき、谷川九段が「助け船」を出します。

「（この将棋）引き分けにしようか」

偉大な大先輩のこの優しい提案に、藤井棋士は盤を抱えて号泣したそうです。幼いころ、将棋に負けると悔しさのあまり号泣したことは、1度や2度ではないといいます。また、徹底して勝ち負けにこだわったそうです。

負けたことをフィードバックして、次の勝利につなげる意欲が異常なほど強いのが、天才の子ども時代の共通点なのです。

テニスの錦織圭選手も、年上の選手に負けたときは、必ず涙を流して悔しがったといいます。負けをばねにして成長する欲求がことさら強いのが天才の共通点なのです。

天才は「負け」をそのままにしない

負けて悔しいのは誰でも同じ。負けた悔しさに打ちのめされたり、負けた原因から目をそらしたりせず、「なぜ負けたのか」を冷静に考え、分析し、次の試合に生かせる選手が伸びていく

Column7

「速歩」しながら「発想」しよう

速歩が、発想力に大きく貢献するというデータがあります。日本体育大学の円田善英教授は、被験者に、

①ランニング（分速150m）
②速歩（分速100m）
③ウォーキング（分速50m）

の3種類の速度で運動してもらいました。すると、運動中、①のランニングのグループと③のウォーキングのグループは頭が冴えていたのに、やめるとその冴えは途端に消えてしまったのです。ただし、②の速歩のグループだけは、運動後もその冴えが落ちませんでした。日常生活の中で、**積極的に速歩の習慣を組み入れれば、役に立つ斬新なアイデアをひらめく可能性が高まります。**

私も、毎日速歩をする習慣を身につけています。机の前でパソコンとにらめっこしながら「ウーン、ウーン」とうなっても、執筆のアイデアは出てきません。しかし、速歩をすると、アイデアが自然と脳内から沸き上がってきます。

私は執筆を終えた午後、30分間、速歩します。これは私の日課です。お気に入りのイージーリスニングの曲をスマホで聴きながらです。ただし、30分間ずっと速歩するわけではありません。3分単位で速歩と通常のウォーキングを交互に行う、いわゆる**インターバル速歩**です。速歩中、何かアイデアを思いついたら、立ち止まってスマホのメモ機能を使い、どんどん記録しています。この作業は私の発想力を高めている大きな要素なのです。

子どもを一流アスリートにする技術

8-1 一流アスリートが決して欠かさない「反復練習」

私は、カリフォルニア大学（米国）ロサンジェルス校（UCLA）に2年間留学した経験がありますが、米国の大学バスケットボール史上最高のコーチといわれる稀代の名コーチ、ジョン・ウッデン氏は、UCLAを何度もNCAA（全米大学競技協会）のチャンピオンに導きました。自らの著書で、彼はこう語っています。

「猛烈な努力をせずに偉業を成し遂げた人がひとりでもいたら、その人の名前をあげてほしい。（中略）成功と偉業を成し遂げた人はすべてそうだ。ビジネスマン、聖職者、医者、弁護士、配管工、芸術家、作家、コーチ、選手。職業はさまざまだが、成功者はみな、共通の基本的な資質を持っている。それは、たいへんな努力家だということだ。いや、それ以上に、彼らは努力することを愛しているのだ」

ジョン・ウッデン／著『元祖プロ・コーチが教える育てる技術』
（ディスカヴァー・トゥエンティワン、2014年）

私は、ジョン・ウッデン氏の「反復練習によってできた基礎の上に、個性と想像力が開花する」という考えを支持します。最近のスポーツ界における支配的な考え方も「**反復練習が動作の自動化を実現し、そこから創造性が発展する**」というものです。

自分の適性を見きわめて、その才能を長期間の鍛錬で極限まで磨き上げてようやく、かろうじてその分野の頂点に登り詰めることができるのです。そこに例外はなく、どんな分野でも近道はありません。

反復練習は上達の王道

どんな一流のアスリートでも必ず行っているのが反復練習だ。1回1回集中して練習し、微修正を重ね、最適な動きを身につける。この動きが身につけば「基礎ができた」といえるのである。反復練習ほど確実に一流に近づく方法はあまり見あたらない。それが私の確信である

8-2 反復練習は選手の「創造性」を生み出す

2人のプロサッカー選手がシュートする場面を考えてみましょう。1人はクリスティアーノ・ロナウド選手であり、もう1人は、プロのサッカー選手ですが、平均レベルのレギュラー選手です。

試合中、比較的プレッシャーがかからない難位度の低い局面では、この2人の差を見きわめるのは難しいでしょう。しかし、**きわめて困難な局面では、この2人の選手の創造性の違いが表出する**のです。

ここでいう創造性とは、その場面で自分が発揮する高度な技そのものではなく、相手チームの選手の動きを察知して、ほんの一瞬のチャンスを見逃さず、針の穴を通すようにシュートする技術を指します。一流と並のプロサッカー選手を隔てているのは、**技の多様性というよりも、その場面で創造性を発揮できるかどうかという点**です。

ロナウド選手は、**高度な技であっても、ほぼ完璧に自動化できているため、創造性を働かせる余裕**があります。一方、もう1人の平均レベルの選手は、標準的な技こそ自動化されていますが、困難な状況で発揮すべき高度な技までは自動化されていません。そのため、その困難な局面で創造性を発揮する身体的な余裕がないのです。つまり、高度な技を自動化できている選手ほど、困難な局面において、処理能力を創造性に振り分けられるのです。

私たちが一瞬と感じる困難な局面は、創造性あふれる一流の選手の脳内では、スローモーションのようなシーンに変換されていると私は考えています。結局、技を自動化できて初めて、創造力が生まれるのです。

自動化のレベルが上がると創造性も上がる

ロナウド選手の技が、私たちの目に創造性に満ちあふれて見えるのはこのため。高度な技の徹底した反復練習こそ、創造性を生み出す。認知科学研究の専門家であるダニエル・ウィリンガムも、「認知の飛躍、直感、ひらめきなど『先見性』にかかわる思考は、課題の低次の部分に使う処理能力を最少にして、高次のほうに割り振ることで促進される」と主張している

8-3 「英才教育の効果」はやはりあなどれない

英才教育をすれば誰でも一流になれるわけではありませんが、**英才教育の効果が絶大**であることは間違いありません。

卓球は幼少のころからの特訓が、一流選手になるには不可欠とされる代表的な競技種目です。最近では、平野美宇選手と伊藤美誠(いとうみま)選手が、2020年に開催される東京オリンピックの有力なメダル候補として知られています。

平野選手は3歳5カ月で卓球を始め、母が指導する「平野英才教育研究センター卓球研究部」で腕を磨きます。2004年7月には、全日本卓球選手権大会「バンビの部」(小学校2年生以下)に史上最年少の4歳で出場を果たし、2007年7月、福原 愛選手以来、史上2人目となる小学校1年生の優勝者となりました。

伊藤選手は2歳のときに卓球を始め、4歳のとき、日本男子のエース水谷 隼(みずたにじゅん)選手の父である水谷信雄氏が代表を務める「豊田町卓球スポーツ少年団」に入り、指導を受けるようになったといいます。

そして、2005年、4歳で全日本卓球選手権バンビの部に初出場し、2008年には優勝、2010年には「カブの部」(小学校4年生以下)で優勝しています。

前述した藤井棋士は、5歳から将棋を始め、史上最年少の14歳2カ月でプロ棋士になりました。これは14歳7カ月でプロ入りした加藤一二三(かとうひふみ)棋士の記録を62年ぶりに更新する偉業として注目されました。

最近では格闘技の世界でも、那須川天心選手など、ジュニア時代から競技を始めている選手が活躍しています。

「先んずれば人を制す」は真実である

卓球や将棋以外のほかの競技種目においても、早く始めるに越したことはない

「もって生まれた才能」は努力に勝るのか？

2016年のリオデジャネイロオリンピック、陸上競技・男子100mで金メダルをとったウサイン・ボルト選手（ジャマイカ）は、身長195cmです。驚異的な275cmのストライド（歩幅）でゴールを走り抜ける先天的な身体的資質が、彼を偉大な短距離選手に仕立てたことは明らかです。

この持って生まれた才能には、私たちがいくら努力を積み重ねても到達できません。

また、ここまで飛びぬけていなくても、オリンピッククラスの足の速さは、先天的な要素が大きく影響します。もし、小学校の運動会での駆けっこがいつも最下位なら、残念ながら、いくら血のにじむような練習に明け暮れても、オリンピック選手になるのは不可能です。

プロテニスプレーヤーの錦織圭選手は、初めてテニスラケットを握った日、ボールを見事に相手コートに返球したといいます。また、音楽の世界で絶対音感を持つ人たちは、優れた音楽家になるのに有利であることも間違いないでしょう。

もし、子どもがアスリートを目指すなら、**客観的に本人の素質や適性を見きわめてあげるべき**です。そして、子どもにその分野の才能があると判断でき、本人にもやる気があるのであれば、あとは情熱を注いで、厳しい練習を持続できるかどうかが生命線になります。**厳しい練習を続けられるかどうかも一つの才能であり、この有無が凡人と一流の分岐点**になります。

一流のアスリートとは、**自分の得意技を敏感に感じ取って、その才能を極限まで高めた人たち**のことをいうのです。

「才能＋努力」が一流への「パスポート」

才能は重要だが、足りない才能を補い、より才能にあふれたライバルを超えるために行うのが努力だ。才能だけで一流になった人はいない

8-5 「親のサポート」が才能を開花させる

前述した卓球女子の平野美宇選手が卓球を本格的に始めたのは3歳のときですが、その1年半前、自宅の2階で母親の真理子さんが、すでに卓球教室を開いていました。真理子さんは昔、卓球の選手だったのです。

この教室は3人の生徒で始めたのですが、平野選手は初めて卓球を始めるとき、「(お母さんの) 卓球教室の生徒にしてほしい」と真理子さんにせがんだといいます。そのとき、真理子さんは平野選手に向かってこういったそうです。

「本当に一緒にやる？　それなら私といっぱい練習して、みんなの迷惑にならないくらい上手になったら入れてあげる」

『プレジデントファミリー』(2008年12月号、ダイヤモンド社)

平野選手は、それから4カ月間、1日も休まずに、台や小さな子ども用トランポリンに乗って、母が打つ球に食らいついていったといいます。

「三日坊主で終わるのではないか」と思っていた真理子さんですが、単調な練習でも集中力を発揮して打ち返してくる平野選手の我慢強さに舌を巻いたそうです。

実は、母親だけでなく、平野選手の父親の光正さんも卓球の選手でした。光正さんは高校時代に県大会で優勝し、インターハイでも4回戦まで進んだ経歴を持っていました。

幼少期、このように**経験豊かな両親の叱咤(しった)激励や手厚いサポートがあった**からこそ、平野選手は一流の仲間入りができたのです。

親の適切なサポートは大きな味方

平野選手にかぎらず、スポーツ界における一流たちの陰には、その粘り強さを後押しする両親の姿が見え隠れする

「自分の限界」に挑戦する

平野選手を一流の卓球選手に仕立てたのは「ベストを尽くす」という教えを両親が叩き込んだからです。

小さいころの平野選手に両親が繰り返し強調したのは、「勝つことがすべてじゃない。最後まで全力でプレーすることが大事」という教えでした。「他人を打ち負かす」という気持ちではなく、「**自分の限界にチャレンジする**」という気持ちが、一流に仕立ててくれるのです。

小学生の立ち幅跳びの実験でも、一度跳ばせたあと、「**自分のベストを尽くす**」と唱えたグループのほうが、「他人を打ち負かす」と唱えて跳んだグループよりも、2回目の記録が明らかに伸びた、というデータがあります。

私は『究極の鍛練』（サンマーク出版、2010年）の著者であるジャーナリスト、ジョフ・コルヴァンの以下の言葉が大好きです。

「究極の鍛練は苦しくつらい。しかし効果がある。究極の鍛練を積めば、パフォーマンスが高まり、死ぬほど繰り返せば偉業につながる」

まさに、平野選手のためにあるような言葉です。真理子さんは地味な練習を黙々とやり続けることも、その子どもの才能の1つであることを知っていたのです。「つらいから、もうやめたい」という自分の弱い気持ちに打ち勝って、地味な練習を延々と続けられる**克己心**（こっきしん）があるかどうかが、一流になれるかどうかの分かれ目なのです。

克己心がなければ一流になれない

できるだけ人生の早い段階から地味な鍛錬を継続することで、その子どもの潜在能力が磨かれ、自分の限界を更新することで、偉業へとつながる

「達成感」を知ると
モチベーションになる

2016年のリオデジャネイロオリンピック、体操の個人総合（ゆか・つり輪・鞍馬（あんば）・跳馬・平行棒・鉄棒）で金メダルを獲得した内村航平選手ほど、創造性を発揮する体操選手はいないでしょう。小さいころから「**できなかったことが、できるようになった**」という**達成感**が、現在の内村選手を形成していることは間違いありません。彼は、小さいころのことを思い出して、以下のように語っています。

「体操をやっていていちばんうれしかったのは、小学校1年生のときに、鉄棒で蹴上がりができたとき」

今までできなかったことができたという達成感を脳裏に強烈に刻み込めたから、現在の内村選手があるのです。内村選手の子ども時代を振り返って、父親の和久さんはこう語っています。

「小学校時代でも、練習は朝の30分ほどと、夕方5時から2時間ほどでしょうか。でもね、私が『練習しろよ』といったことは今の今まで1回もないんです。スポーツの場合、やっぱり自分が納得できるまでやることが大事です。だから、航平にしても、食事中に何か思いつくと、食べ終わるなり、すぐにトランポリンで跳んでいました」

子どもが自発的に取り組めるよう、親は**子どもが達成感を味わえる環境を「整備」**してあげましょう。

小さな達成感を次々と味わう

達成する目標は必ずしも大きなものである必要はない。ほんのわずかな上達でも、大きな励みになるからだ。この積み重ねで大きな目標を達成することになる

8-8 「集中力」と「イメージ力」を鍛える

人の脳は、**興味があることに集中**するようにできています。体操は**集中力**と**イメージ力**が求められる典型的な競技です。もしも、集中できず、イメージも湧いてこなければ、演技で大失敗して、大けがをする危険性があるからです。

内村航平選手の集中力は、小さいころの趣味だった虫捕りによって身についたと考えられます。虫捕りでは、自分の感覚や本能を頼りにしながら、虫が潜んでいるところを予測し、虫の逃げ場をふさぎ、必ず素手で捕まえたといいます。虫捕りに没頭したことと、体操選手として大成したことは、無関係ではありません。

また、母親の周子さんは、内村選手のイメージ力を高めることに小さいころから努めています。周子さんはこう語っています。

「たとえば絵本をパッと開いて、そこに何が描かれていたか子どもに説明させたんです。訓練を続ければ子どもはページを丸ごと一瞬で覚えます。ほかにもジグソー・パズルをさせたり、絵本の読み聞かせをしたり。過剰なくらい気持ちを込めて読んでいました」

小堀隆司「メダリストのつくりかた。」『Number』743号
（文藝春秋、2009年）

内村選手は小学生のころ、体操のビデオを見ながら絵コンテのような「コマ割りの絵」を描く能力を身につけていたといいますが、恐らくこれも**イメージ力と集中力を鍛える効果的なトレーニングになっていた**に違いありません。

「集中力」と「イメージ力」の鍛え方

虫捕りもそうだが、集中力を鍛えるには「狩猟」的な遊びが効果的だ。また、「イメージ力」を鍛えるには、前述したようにお絵描きのような遊びが向いている

8-9 「努力できる才能」がどれくらいあるのか知る

ペンシルベニア大学（米国）の心理学者であるアンジェラ・ダックワース博士は、25歳から65歳までの2000人以上を対象にして、

「どのような人が自分の目標に向かって努力を続けられるか？」

について調査しました。その結果、以下の3つのルールで行動している人が該当することがわかりました。

- 興味をころころ変えない
- 最後まで自分の意思を貫徹する
- 一端設定した目標を変えない

このことは、**何か1つの目標を決めたらふらふらせず、鍛練を積み重ねることの重要さ**を教えてくれます。たった1つやるべきことを決めたら、それをやり遂げるまでほかのことに目移りしない覚悟こそ、やりとげる人の共通点なのです。**右ページ**の**図表8-1**で**努力できる才能**を確認しましょう。また、彼女はベストセラーになって『やり抜く力』（ダイヤモンド社、2016年）の中で、

「（中略）自分が本当に面白いと思っていることでなければ、辛抱強く努力を続けることはできません」

とも述べています。普段から「自分が好きなことは何か？」と真剣に自問自答する習慣を身につけたいものです。

図表8-1　「やり抜く力」チェックシート

以下の質問に対して、「はい」なら左側の数字に、「いいえ」なら右側の数字に、程度に応じて当てはまる点数を○で囲んでください。

	はい				いいえ
❶ 私は何事も最後までやり抜くことができる	5	4	3	2	1
❷ 逆境になればなるほどモチベーションをあげることができる	5	4	3	2	1
❸ 私は典型的な情熱家である	5	4	3	2	1
❹ 私は何事もやりだしたら無我夢中でやり続けることができる	5	4	3	2	1
❺ 私はプレッシャーに強いタイプだ	5	4	3	2	1
❻ 私は典型的な楽観主義者である	5	4	3	2	1
❼ 私は準備することの大切さをよく認識している	5	4	3	2	1
❽ 私は何事も中途半端で終わらせることが大嫌いである	5	4	3	2	1
❾ 目の前に2つの選択肢があったら迷わず困難なほうを選ぶ	5	4	3	2	1
❿ 私にとってトラブルを克服することこそやりがいである	5	4	3	2	1
⓫ 私は失敗しても落ちこむことがない	5	4	3	2	1
⓬ 私は常に自信満々の表情を浮かべている	5	4	3	2	1
⓭ 私は常に精神的に安定している	5	4	3	2	1
⓮ 私は気持ちの切り替えが得意である	5	4	3	2	1
⓯ 私はやり抜くことの大切さを誰よりも認識している	5	4	3	2	1

評価表

65点以上…………あなたの「やり抜く力」は、**最高レベルです。**

55～64点以上……あなたの「やり抜く力」は、**優秀レベルです。**

45～54点以上……あなたの「やり抜く力」は、**平均レベルです。**

35～44点以上……あなたの「やり抜く力」は、**やや劣っています。**

34点以下…………あなたの「やり抜く力」は、**劣っています。**

出典：児玉光雄/著『すぐやる力 やり抜く力』（三笠書房、2017年）

Column8

テーマを決めて「強制的に発想」する

発想力を高めたいのであれば、**普段から強制的に発想する習慣**を身につけることが効果的です。自分が関心のあるテーマを常に念頭に置き、アイデアを出力しましょう。私はこれを**強制発想トレーニング**と名付けて、多くの企業で活用してもらっています。

この強制発想トレーニングは、スマホさえあれば、基本的にはいつでもどこでもできます。もちろん、スマホでなくても、バッグの中に筆記用具を常備しておけば、それでも構いません。いずれにしろ、すき間時間を利用してアイデアを形に残せます。

発想は**質より量**です。もし、1個の貴重なアイデアを生み出すのに20個のアイデアを必要としたならば、単純計算で、5個の貴重なアイデアを生み出すためには100個のアイデアを出せばいい、ということになります。

この強制発想トレーニングのやり方は簡単です。たとえば、図表Fに記したようなテーマの中から一つ選択して、このテーマに関連して思いつく事柄をどんどんスマホのメモ機能に入力したり、ノートに記入していけばいいのです。この習慣を身につければ、発想の達人になれるはずです。

図表F 「強制発想トレーニング」のテーマ例

①都道府県のイメージ	⑥ある電化製品のイメージ
②ある魚のイメージ	⑦ある雑誌のイメージ
③ある歌手のイメージ	⑧ある企業のイメージ
④ある果物・野菜のイメージ	⑨ある観光地のイメージ
⑤ある哺乳類のイメージ	⑩ベストセラーになりそうな書名

第9章 一流を目指すためのトレーニング

9-1 「絵が描かれたフラッシュ・カード」で瞬間的な情報処理能力を高める

一流の人は、画像を瞬間的に察知する能力を持っています。これから紹介するトレーニングを行えば情報処理能力が飛躍的に高まり、記憶力を強くできます。

まず初めに、**絵が描かれたフラッシュ・カード**を用意してください。フラッシュ・カードは、大量の情報を短時間で記憶させるのに向いたツールです。フラッシュ（Flash）には「きらめき、またたき」といった意味があります。フラッシュ・カードは、一般に販売されているさまざまな種類のものを利用してもかまいませんし、「動物」「植物」「日用品」など、親自身でテーマを決めて手づくりしてもかまいません。

このフラッシュ・カードを、子どもに1秒単位で見せながら、描かれている絵を読み上げていきましょう。1秒単位で次々とめくりながら子どもに見せていき、最後に伏せて、カードの内容を当ててもらいます。

子どもに見せるのは文字どおり一瞬だけです。その一瞬で脳に記憶させるのです。**フラッシュ・カードで遊ぶことにより、瞬間的な情報処理能力が鍛えられます**。一瞬だけ見せる動作が脳に作用して、イメージを記憶に焼きつけ、脳が活性化するのです。もちろん、同時に集中力も向上することはいうまでもありません。

これは、**トランプ**を使っても手軽にできます。まず3枚のカードから始めましょう。これも親が1秒間に1枚の速度でパッパッとカードを見せていきます。すべて見せ終わったら、カードを伏せて子どもに、たとえば「2番目のカードは何だった？」と質問します。

瞬間的な情報処理能力のトレーニング

トランプの場合は、トランプの種類（クラブ、ダイヤ、ハート、スペード）と数字を当ててもらう。すべて正確に回答したら、トランプの枚数を増やしていく。大切なのは、一瞬だけ見せて、その情報を正確にキャッチしてもらうこと。少しずつ負荷を上げながら枚数を増やすのがポイントだ

9-2 「ミラー・ナンバー・チャレンジ」で瞬間的な記憶力を高める

脳の限界にチャレンジするうえで考慮すべきは**ミラー・ナンバー**です。これは、プリンストン大学（米国）の心理学者ジョージ・ミラーが「マジカル・ナンバー7±2」という論文で唱えた理論で、「**人の脳が一度に記憶できる数は7±2である**」というものです。つまり、人が記憶できる数の上限は9、下限は5であるというのです。市外局番（03など）や携帯電話を表す最初の番号（090など）以外のけた数が8けたであるのも、このミラー・ナンバーを考慮してのものなのです。

私が**ミラー・ナンバー・チャレンジ**と呼んでいるトレーニング法をご紹介しましょう。まず、親が紙を用意して、5けたの数字を書きます。まだ、子どもに見せてはいけません。続いて、「それでは、1秒間だけこの数字を見て記憶して」といって、子どもにこの数字を1秒間だけ見せましょう。そのあと見せた数字を子どもにメモ帳などへ書いてもらうのです。5けたの数字を安定して回答できるようになったら、1けたずつ増やしていきましょう。

辞書（国語辞書でも英和辞書でもいい）を利用したミラー・ナンバー・チャレンジもお勧めです。まず、辞書を開いていちばん最初に目に入った単語を、親がメモ用紙に記入します（難しい漢字の単語は避けます）。次に別のページを開いて、同じ要領で単語をどんどん記入していきます。これも最初は5つの言葉から始めます。そして、先ほどの数字と同じ要領で、1秒間だけ単語を見せたらすぐ隠します。そして、今見た単語をリズムよく子どもはメモ帳などに書いていくのです。これも、すべての言葉を正確に記憶できていたら、1つずつ増やしていきましょう。

ミラー・ナンバー・チャレンジ

このトレーニングで、集中力を養うと同時に、短期記憶力の限界を広げられる。もちろん1つでも数字が間違っていたら、同じけた数で再チャレンジ。もし、9けたまで完璧に記憶できたなら、子どもの瞬間的な記憶力は優秀だ

9-3 「動体視力トレーニング」で目を鍛える

ナンバープレート・チャレンジは、子どもの動体視力や瞬間的な記憶力、暗算力を高めることができます。動体視力はアスリートに不可欠の能力ですが、この遊びを知っていれば、簡単に楽しみながら、道具を使うことなく鍛えられます。

メジャーリーガーのイチロー選手は、子どものころによく、この遊びをやっていたそうです。150km/hもの速度で飛んでくるボールの芯(しん)を、一瞬にしてmm単位の精度でとらえることができる人並みはずれた能力は、小さいころからのこうした遊びを通して鍛えられたのでしょう。

遊び方を解説しましょう。

まず、対向車線を走るすれ違った自動車のナンバープレートの4けたの数字を読み取ります。そして、それぞれの数字を1回ずつ使って、足し算、引き算、掛け算、割り算を駆使しながらゼロにするのです。

たとえば、ナンバーが「51−27」であれば、「7−2×1−5=0」が正解です。もちろん、ゼロにするやり方は1通りとはかぎりません。大かっこや小かっこを使ってもかまいません。計算能力が高ければ高いほど、4つの数字をやりくりしてゼロにする方法は増えていくはずです。

家族でドライブ中、親子や兄弟で、ゼロにするスピードを競ってもいいですし、1枚のプレートの数字でゼロにする方法を何通り考えられるか、その数で勝負してもいいでしょう。

もちろん、運転手(両親のどちらかが運転していることが多いと思いますが)の参加はたいへん危険なので厳禁です。

動体視力トレーニング

昔は暗算力を鍛える遊びとして、鉄道の切符に書かれた4けたの数字を計算してゼロにする遊びをしたものだ。電子マネー全盛の現在はなかなかできないが……

9-4 「辞書速めくり・しりとりトレーニング」で集中力と指先の器用さをアップする

辞書速めくり・しりとりトレーニングは、さまざまな辞書を使ったしりとり遊びです。**集中力を高めると同時に、指先の細かな運動が指先の器用さを向上させ、右脳を活性化**してくれます。

辞書は何でもかまいませんが、手始めは国語辞書がいいでしょう。メモ帳とストップウォッチも用意してください。初めに単語を1つ決めます。「ん」で終わらなければ、どんな単語でもかまいません。子どもに決めてもらいましょう。

たとえば「かき＝柿」という単語を選んだら、続けて、しりとりの要領で「きつね」→「ねこ」→「こんろ」→「ろうか」→「かめ」→「めだま」……といった要領で10個の単語を考えさせ、メモ帳に書かせます。それから、できるだけ速くその10個の単語を辞書で引いていき、単語の下にそのページを記していきます。このとき、すべての単語を引き終わるまでの時間を必ず測ってください。スピードを測ることで、ゲームが盛り上がります。

このトレーニングは、子どもの年齢に合わせていろいろアレンジできます。たとえば、子どもが低学年なら、初めは10個の単語をひらがなで書かせ、辞書を引きながら漢字に書き換えさせれば、漢字の勉強になります。習っていない漢字は書き写すだけでもかまいません。

高学年なら和英辞書を使って、英単語を覚えさせることもできます。初めにしりとりで書かせた10個の日本語の単語を、できるだけ速く和英辞書で引き、その英単語のスペルを日本語の下にどんどん記入させていくのです。日によって、使う辞書を変えていくのもいいでしょう。

辞書速めくり・しりとりトレーニング

『広辞苑』など大型の辞書を使えば、さらに幅広い単語から選べる。普段から辞書を引くことが苦にならなくなるのも大きなメリットだ

9-5 「残像集中トレーニング」で集中力を高める

私はこれまで多くのプロスポーツ選手の指導をしてきましたが、優秀な選手ほど**自然と集中できる能力**を備えています。たとえば、イチロー選手は、「バッターボックスに入ると、条件反射的に集中力が高まる」と語っています。

梅干しをイメージすると、自然に唾液が出てくるように、何千回、何万回のバッティングの繰り返しが、彼をおのずから「集中モード」に導いているのです。

私がプロスポーツ選手に励行してもらっているトレーニングの中でも、**残像集中トレーニング**は、手軽にできて、しかも即効性があります。

まず、名刺の裏に、**右ページ**のイラストような一辺3.5cm程度の2つの正三角形を組み合わせた図形を描きましょう。もちろんこの図形をコピーして名刺の裏に貼るなどしてもかまいません。

次に、カラーペンで好きな色に塗りつぶしましょう。私がお勧めしたいのは**紫色**と**オレンジ色**です。この色でイラストのように図形を塗りつぶして、明るい場所で15秒間、その図形を凝視してください。目を閉じると紫色は明るい黄色に、オレンジ色は鮮やかな青色に変化することがわかるでしょう。

残像が消えるまで、意識をその領域に集中させてみましょう。最初は10秒間くらいで残像が消えてしまいますが、トレーニングを積み重ねていくうちに、残像が見える時間はどんどん伸びていくはずです。最終的に凝視した時間の2倍、すなわち30秒間、残像が残るようになれば、あなたの集中力はかなりのレベルに達しているといえます。

残像集中トレーニング

トレーニングを続けると、残像がなかなか消えなくなる

9-6 左手と右手で異なる図形を描いて小脳を鍛える

私たちは同時に違う動作をすることに慣れていません。たとえば、左手と右手で同時に異なる図形を描くと、途端に脳は混乱してしまうのです。日常生活の動作パターンのプログラムは、通常、1つずつ脳から出力されるからです。

脳は習慣化されている普段のプログラムを出力するときよりも、慣れていない動作や体験したことのない、まったく新しいプログラムを作成するときに活性度が高まります。そのとき、小脳がその運動の調整役を果たすのです。つまり、**小脳を鍛えるには、普段やらない動作をすればいい**のです。その意味でも格好のトレーニングを紹介します。

まず、メモ用紙と鉛筆を2本、用意してください。最初は図形に挑戦しましょう。左手で「△」、右手で「□」を子どもに描いてもらいましょう。最初はうまくいかなくても、徐々に書けるようになるはずです。

うまくいかないときには、段階的にトレーニングしていきましょう。最初は左手だけで10回、「△」を子どもに描いてもらいます。その後、同じように右手だけで10回、「□」を描いてもらいましょう。それが終わったら、今度は両手を使って「△」と「□」を別々に描いてもらいます。すると、意外にうまく描けることに子どもは気がつくはずです。左手と右手でそれぞれ図形を繰り返し描いたので、脳がその記憶を刻み込んだからです。

今度は、**視線を左手の動きだけに固定**し、両手を使って別々の図形を描きましょう。すると左手の「△」はうまく描けるのに、右手の「□」はうまく描けないはずです。次に**視線を右手の動き**

に固定し、同じように別々の図形を子どもに描いてもらいましょう。すると、今度は右手の「□」はうまく描けるのに、左手の「△」はゆがんで、うまく描けないでしょう。脳は、視線を向けるとその場所に強く反応する性質があるからです。

次に、両手を視野に入れながら、どちらにも視線を向けずに描いてみましょう。すると、次第に両方の図形をうまく描けるようになることが実感できるはずです。

左手と右手で異なるものを描くトレーニング

意識を1カ所にとどめず、全体に張りめぐらせることも大切な集中の1つである

9 7 「逆さまデッサントレーニング」で観察力を鍛える

私たちは目の前の景色を、ありのままに見ていると信じています。しかし、実際はそうではありません。それを実証する実験をしてみましょう。対象物は何でもいいのですが、たとえば、熊のぬいぐるみを用意して、子どもにデッサンしてもらいましょう。

1. A4のコピー用紙を用意して半分に折ります。次にその左半分に、熊のぬいぐるみをできるだけ写実的にデッサンしてください。
2. 完成したら、ぬいぐるみを逆さまにして子どもにデッサンしてもらいましょう。このときコピー用紙も逆さまにして、逆さまのぬいぐるみが並ぶようにデッサンします。

このようにして2種類のデッサンをしたら、コピー用紙を元に戻して、2つのデッサンを比べてみましょう。どちらの熊のぬいぐるみのほうが写実的だったでしょうか？　意外にも、逆さまにして描いたほうが写実的だったと思います。

普通に置いたぬいぐるみをデッサンするとき、子どもはそのぬいぐるみを、見たまま写実的に描いている気ですが、実際はそうではありません。すでに子どもの脳の中に存在している熊のイメージと、目の前のぬいぐるみの姿を重ね合わせながらデッサンしているので、**実はそれほどぬいぐるみを細かく観察しているわけではない**のです。

一方、ぬいぐるみを逆さまにしてデッサンすると、脳内に保存されている熊のイメージは役に立ちません。ですから、**目の前の**

ぬいぐるみを細かく見つめながら描かざるを得ないため、自分でも驚くような写実的なデッサンになるのです。

「逆さまデッサン」トレーニング

普通にデッサンすると、思い込みで描いている箇所がかなりあるが、逆さまデッサンの場合は、よく見ないと描けないので観察力が高まる

9-8 「トレース・トレーニング」で脳の混乱を体験する

鏡を使ったトレース・トレーニングを紹介します。このトレーニングは、やったことのない作業を強いられると、脳がいかに混乱するかを確認できる実験です。確認だけでなく、そのまま、脳のエクササイズにもなります。

❶ A4サイズくらいの大きな紙（コピー用紙などでかまわない）に、あらかじめ大きく「☆」印を、鉛筆などで黒々としっかり描いておきます。

❷ 「☆」印が描かれたコピー用紙を持って、鏡の前（洗面台など）に立ち、目の前の鏡のほうを見ながら、「☆」印の上を赤鉛筆でなぞります。

実際にトレース・トレーニングを試してみるとわかるのですが、赤鉛筆がコピー用紙の上で立ち往生して、動かなくなってしまうことを、子どもは体験するでしょう。

子どもは「どうしてこんな簡単な作業ができないのだろうか……」と、とても驚くはずです。

この現象は、鏡を通して見る「☆」印が、鏡によって反転しているため、すでに脳の中にある「☆」印のイメージと、現実の「☆」印を見てなぞる作業とのギャップを埋められないことによって引き起こされるのです。

つまり、これは脳の混乱です。脳の中にすでに固定化されたイメージがあると、目の前の簡単な作業すら思うように進めることができないのです。

トレース・トレーニング

トレース・トレーニングは、固定観念を捨てて、目の前のありのままを直視することの難しさを教えてくれる

9 「1人じゃんけんトレーニング」で脳を活性化する

手先は人体の中で最も発達した部位です。いい換えれば手先をたくみに動かすことで脳を活性化し、発想力や直感力の向上が期待できます。もちろん、頻繁に使う手の指ではなく、普段はあまり意識的に動かすことのない足の指を動かすことも、脳の活性化につながります。

右ページのイラストは1人で両手を使いジャンケンするトレーニングです。まず、最初は両手を使ってやりましょう。ルールは簡単です。あいこにならないよう、グー、チョキ、パーを左右の手で出すようにするのです。1秒単位で、リズムよく両手で違う手を出していきます。「イチ、ニー、サン……」と声を出しながら、1分間に何回違う手を出せたか数えてみます。途中であいこになったら、そこで終了です。

このときのぎこちない動きや、ちょっとはがゆく感じられる感覚を楽しみましょう。

両手を使って自由自在に違う形を出せるようになったら、今度は両足を使って、同じようにこのトレーニングをやってみましょう。

靴下を脱いで素足になり、両足で違う形を出すようにするのです。グーとパーは足でもカンタンにできると思うのですが、チョキは難しいでしょう。そこで、足の親指をグッと上に向けて、人さし指を反対方向に下向きにするのをチョキとします。

両手・両足で同時に違う形を出す「1人じゃんけん」は、高度な指先の動きをマスターできるだけでなく、脳の活性化にも貢献してくれるのです。

1人じゃんけんトレーニング

左右の手や足が常に違う動きを要求されるので、脳の活性化の格好のトレーニングである

9-10 「快感イメージトレーニング」で自由自在にリラックスできるようにする

気持ちの良いイメージを描く習慣は、右脳の開発に貢献してくれます。次のシーンを、子どもが頭の中に描く習慣をつけさせてください。この文章を数回読めば、**シーンを思い描くだけで、簡単に気持ちの良いイメージを記憶することができる**と思います。

あなたは今、夏のきれいな砂浜にいます。まず、砂浜を散歩してみましょう。砂の熱い感覚が足の裏から伝わってきます。さざ波が打ち寄せて、足に触れるヒヤッとした冷たい感覚がとても心地よいです。

あなたは海の中に入っていきます。そして、海の上に仰向けに浮かびます。海水が体を覆いつくします。さわやかな風がほおをなでます。強烈な日差しが全身に降りそそぎます。潮の香り、波の音、全身を覆う冷たい水の感触、それらのイメージが五感を通して伝わってきます。

今度は、海の中に潜ってみましょう。目の前をたくさんの熱帯魚が通り過ぎていきます。どんどん沖のほうに泳いでいきましょう。突然、数頭のイルカが出てきます。あなたはイルカと一緒になって水中を気持ちよく泳ぎます。

やがて、日が傾き始めました。夕日が水平線に沈むのをゆっくり観賞しながら浜辺に戻りましょう。水平線の向こうに見事な太陽が沈んでいきます。あなたはリラックスして、とても心地よい感覚を味わっています。

週に数回、心を落ち着けて、このようなイメージを頭に描くよう子どもに習慣づけてください。そうすれば、**とても快適な気分で、勉強も部活動も充実した時間を送れる**ようになるはずです。

快感イメージトレーニング

自由自在にリラックスできるイメージを頭の中に思い浮かべることができれば、どんなときでも心を落ち着かせることができる

「腹式呼吸トレーニング」でいつでも心の落ち着きを取り戻せるようにする

これは、**あっという間に気持ちを落ち着けてくれるトレーニング**です。家でも学校でも、塾の行き帰りの、比較的空いている電車やバスの中でも簡単にできます。

❶ 目を閉じて、お腹をゆっくりとへこませながら、息を吐いていきます。

❷ 息を吐き終わったら、今度はお腹をふくらませながら、息を吸っていきます。このとき、できれば腕時計などを見て、8秒かけて息を吐き、4秒かけて息を吸うようにします。

このような**腹式呼吸**を続けていると、気持ちがとてもリラックスしてくることに気がつくはずです。できれば、最低5分間は、ゆったりとした気持ちで、このトレーニングを実行しましょう。

このとき、ゆったりとした気持ちで腹式呼吸を繰り返しながら、頭の中からわき上がってくる思考を、トレーニングが終わってからメモ用紙に記入してもいいでしょう。わき上がってくる思考は、おそらく断片的なものになるでしょう。でも、それでかまいません。**そんなバラバラな思考の中に、貴重なひらめきや気づきが潜んでいる**のです。記入し終わったメモ用紙は、しばらく残しておきましょう。そして、1週間たったら、書き記したメモを、改めて見直すと、意外な発見があるかもしれません。

この腹式呼吸トレーニングは、集中力が高まるだけでなく落ち着きのある子どもになるということで、全国の中学校や高等学校の運動部で積極的に取り入れられています。

腹式呼吸トレーニング

腹式呼吸することでストレスレベルを低くできる。座ったままトレーニングしてもいいし、立ったままトレーニングしてもいい

《参考文献》

●雑誌

『プレジデントファミリー』2008年12月号（プレジデント社）

『Newton』2014年2月号（ニュートンプレス）

Newton別冊『脳力のしくみ』（ニュートンプレス、2014年）

●書籍

ポアンカレ/著、吉田洋一/訳『科学と方法』（岩波書店、1953年）

前原勝矢/著『右利き・左利きの科学』（講談社、1989年）

ジョン・オキーフ/著、桜内篤子/訳『「型」を破って成功する』（TBSブリタニカ、1999年）

内藤誼人/著『「創造力戦」で絶対に負けない本』（角川書店、2002年）

内藤誼人/著『パワーラーニング』（PHP研究所、2005年）

マルコム・グラッドウェル/著、沢田 博・阿部尚美/訳『第1感』（光文社、2006年）

茂木健一郎/著『ひらめき脳』（新潮社、2006年）

池谷裕二/著『進化しすぎた脳』（講談社、2007年）

八田武志/著『左対右　きき手大研究』（化学同人、2008年）

堀江重郎/著『ホルモン力が人生を変える』（小学館、2009年）

M.チクセントミハイ/著、大森 弘/監訳『フロー体験入門』（世界思想社、2010年）

ジョフ・コルヴァン/著、米田 隆/訳『究極の鍛錬』（サンマーク出版、2010年）

林 成之/著『子どもの才能は3歳、7歳、10歳で決まる!』（幻冬舎、2011年）

池谷裕二/著『脳には妙なクセがある』（扶桑社、2013年）

マイケル・マハルコ/著『クリエイティブ・シンキング入門』（ディスカヴァー・トゥエンティワン、2013年）

マーティ・ニューマイヤー/著『小さな天才になるための46のルール』（ビー・エヌ・エヌ新社、2016年）

トレーシー・カロチー/著『最高の子育てベスト55』（ダイヤモンド社、2016年）

アンジェラ・ダックワース/著、神崎朗子/訳『やり抜く力』（ダイヤモンド社、2016年）

児玉光雄/著『最高の仕事をするためのイメージトレーニング法』（PHP研究所、2002年）

児玉光雄/著『頭が良くなる秘密ノート』（二見書房、2003年）

児玉光雄/著『理工系の“ひらめき”を鍛える』（サイエンス・アイ新書、2007年）

児玉光雄/著『ダ・ヴィンチ転脳テクニック』（東邦出版、2008年）

児玉光雄/著『上達の技術』（サイエンス・アイ新書、2011年）

児玉光雄/著『勉強の技術』（サイエンス・アイ新書、2015年）

児玉光雄/著『すぐやる力　やり抜く力』（三笠書房、2017年）

児玉光雄/著『逆境を突破する技術』（サイエンス・アイ新書、2017年）

索引

すべての努力を成果に変える科学的学習の極意

勉強の技術

児玉光雄

7刷！
3万6,000部!

本体
1,100円

高校受験、大学受験、TOEIC、資格試験、昇任試験などで「絶対に結果を出したい」人は多いでしょう。もちろん、勉強には努力が不可欠で、努力せずに結果を出すことはできません。しかし、正しい勉強の仕方を知らず、やみくもに勉強しても効果は上がりません。そこで本書では、確実に結果を出せる、正しい「勉強の技術」を解説します。

第1章　脳を活性化する技術
第2章　計画する技術
第3章　理解力を高める技術
第4章　論理的思考力を高める技術
第5章　学習速度を劇的に上げる技術
第6章　集中力を手に入れる技術
第7章　モチベーションを高める技術
第8章　記憶力を強くする技術
第9章　ノートを使いこなす技術

一直線にうまくなるための極意

上達の技術

児玉光雄

5刷！
2万部！

本体
952円

「うまくなりたい」「できるようになりたい」という切実な思いをもったことがない人は、おそらくいないでしょう。部活動で、受験勉強で、ゴルフで、英語で、仕事で……。しかし、なかなか思うような結果がだせない自分にくやしい思いをした人も多いはず。でも、それはあなたに才能がないからではありません。伸び悩むのは「努力の仕方」が間違っているからです。本書では、上達するための「正しい努力の仕方」を解説します。

第1章　最高の実力をだす技術
第2章　結果をだせる練習の技術
第3章　勝負強くなる技術
第4章　集中力を高める技術
第5章　記憶の達人になる技術
第6章　高いやる気を発揮する技術
第7章　打たれ強くなる技術
第8章　創造性を発揮する技術

サイエンス・アイ新書 発刊のことば

science・i

「科学の世紀」の羅針盤

20世紀に生まれた広域ネットワークとコンピュータサイエンスによって、科学技術は目を見張るほど発展し、高度情報化社会が訪れました。いまや科学は私たちの暮らしに身近なものとなり、それなくしては成り立たないほど強い影響力を持っているといえるでしょう。

『サイエンス・アイ新書』は、この「科学の世紀」と呼ぶにふさわしい21世紀の羅針盤を目指して創刊しました。情報通信と科学分野における革新的な発明や発見を誰にでも理解できるように、基本の原理や仕組みのところから図解を交えてわかりやすく解説します。科学技術に関心のある高校生や大学生、社会人にとって、サイエンス・アイ新書は科学的な視点で物事をとらえる機会になるだけでなく、論理的な思考法を学ぶ機会にもなることでしょう。もちろん、宇宙の歴史から生物の遺伝子の働きまで、複雑な自然科学の謎も単純な法則で明快に理解できるようになります。

一般教養を高めることはもちろん、科学の世界へ飛び立つためのガイドとしてサイエンス・アイ新書シリーズを役立てていただければ、それに勝る喜びはありません。21世紀を賢く生きるための科学の力をサイエンス・アイ新書で培っていただけると信じています。

2006年10月

※サイエンス・アイ（Science i）は、21世紀の科学を支える情報（Information）、知識（Intelligence）、革新（Innovation）を表現する「i」からネーミングされています。

SB Creative

http://sciencei.sbcr.jp/

一流の本質
ずば抜けた成果を出す科学的努力の技術

2018年5月25日　初版第1刷発行

著　　者　児玉光雄
発 行 者　小川 淳
発 行 所　SBクリエイティブ株式会社
〒106-0032　東京都港区六本木2-4-5
電話：03-5549-1201（営業部）
装丁・組版　クニメディア株式会社
印刷・製本　株式会社シナノ パブリッシング プレス

ISBN 978-4-7973-9268-5